Inteligencia

Inteligencia
Una breve introducción
Ian J. Deary

Traducción de Dulcinea Otero-Piñeiro

Antoni Bosch editor, S.A.U.
Manacor, 3, 08023 Barcelona
Tel. (+34) 206 07 30
info@antonibosch.com
www.antonibosch.com

Intelligence Very Short second edition was originally published in English in 2020 (first published 2001). The translation is published in arrangement with Oxford University Press. Antoni Bosch editor is solely responsible for this translation from the original work and Oxford University Press shall have no liability for any errors, omissions or inaccuracies or ambiguities in such translation or for any losses caused by reliance thereon.

Intelligence. A Very Short Introduction second edition fue originalmente publicado por Oxford University Press en 2020 (primera edición 2001). Esta traducción ha sido publicada de acuerdo con Oxford University Press. Antoni Bosch editor es el único responsable de la traducción de la obra original, y Oxford University Press no tiene ninguna responsabilidad en caso de errores, omisiones o ambigüedad en los términos de la traducción.

ISBN: 978-84-121063-3-6
Depósito legal: B. 18651-2022

Diseño de cubierta: Compañía
Maquetación: JesMart
Corrección: Olga Mairal
Impresión: Prodigitalk

Índice

Prefacio y agradecimientos

Todos valoramos nuestra capacidad para pensar. A la mayoría nos interesa saber por qué algunas personas parecen más brillantes que otras. Las diferencias en cuanto a facultades generales para la inteligencia se han señalado desde la antigüedad. Las lenguas cuentan con numerosos términos para referirse tanto a quien tiene dotes generales para pensar bien como a quien carece de ellas. Dentro del campo de la psicología académica hay un grupo de especialistas que se dedican a investigar y enseñar sobre «psicología diferencial». Yo soy uno de ellos. Estudiamos las diferencias de inteligencia y personalidad que existen entre los distintos individuos. En este breve libro describo algunas de las cosas que hemos descubierto sobre cómo y por qué difieren las personas en la capacidad para pensar. La intención, el método y el estilo de la primera edición de esta obra siguen vigentes, pero la mayor parte del libro es nueva. Sigo pensando que la mejor manera de empezar a conocer las diferencias en cuanto a inteligencia entre las personas consiste en leer estudios específicos y de alta calidad sobre esta materia. He intentado prescindir de los intermediarios y poner al público lector en contacto directo con algunos datos reales obtenidos en el curso de la investigación sobre la inteligencia humana.

No pretendo abarcar todos los aspectos de la investigación sobre la inteligencia. El formato de una obra introductoria breve como esta exige demasiada concisión para ello. Aun así, he abordado diez áreas que considero importantes y que he plasmado en las preguntas que dan título a los capítulos. Creo que son cuestiones para las que todo el mundo desearía tener respuesta. Los diez temas que he elegido concuerdan bien con el amplio estudio sobre inteligencia que efectuó la Asociación Estadounidense de Psicología (analizado en el capítulo 10). Me he centrado en las puntuaciones de los test de inteligencia porque es el procedimiento que el amplio sondeo de Nisbett *et al.* reconoce como el principal método para investigar las diferencias de inteligencia entre personas (también mencionado en el capítulo 10). Dentro de cada uno de los diez temas que abordo aquí, me he propuesto presentar estudios individuales con datos de una solidez incuestionable y metaanálisis fiables. Si en algún momento se ve usted en medio de una discusión sobre cualquiera de los asuntos relacionados con la inteligencia que se tratan aquí, confío en que los estudios que expongo le sirvan para cubrirse las espaldas.

Para cada uno de los diez aspectos elegidos de la inteligencia, ilustro varios descubrimientos cruciales con algunos estudios individuales. A menudo proceden de la investigación de mi propio equipo, pero quiero subrayar que no son los únicos disponibles. Todos los estudios ilustrativos se han elegido porque se basan en datos de calidad y reflejan las conclusiones generales en esa área de investigación. Cuando hay interpretaciones diferentes dentro de un mismo campo, propongo leer textos adicionales. Las lecturas adicionales sugeridas también conducen a otros estudios sobre esas diez áreas y sobre campos de investigación en inteligencia que yo no he podido cubrir aquí. En el apartado de lecturas adicionales y en el capítulo 10 también se abordan algunas de las controversias históricas y recientes en la investigación de la inteligencia.

La mayor parte de esta segunda edición es nueva. Manifiesto aquí mi agradecimiento a compañeros, amistades, familiares y académicos de renombre (hay personas incluidas en más de una de estas categorías) que aportaron buenas sugerencias tras leer la versión preliminar de los capítulos. Gracias a Drew Altschul, Janie Corley, Simon Cox, Gail Davies, Ann Deary, Matthew Deary, Douglas Detterman, Morna Dewar, Chloe Fawns-Ritchie, James Flynn, Catharine Gale, Richard Haier, Sarah Harris, Caroline Hayward, Matthew Iveson, Joanna Kendall, David Lubinski, Michelle Luciano, Judy Okely, Lindsay Paterson, Stuart Ritchie, Timothy Salthouse, Adele Taylor, Philip A. Vernon y Elayne Williamson. Agradezco también a Danielle Page la ayuda prestada durante la corrección de las pruebas, así como a Jenny Nugee y Latha Menon, de Oxford University Press.

Al igual que la primera edición de esta obra, dedico lo que he escrito aquí a mi madre, Isobelle. Ella jamás acepta una afirmación sin saber de dónde procede. Aplaudo su ejemplo. Confío en que los datos ilustrativos que se presentan aquí, así como mis interpretaciones y explicaciones de los mismos, superen el inteligente escrutinio de ella y de usted. Los capítulos de este libro se sirven de los diez temas que suelo abordar cuando doy conferencias divulgativas sobre la inteligencia, y que yo llamo «Diez cosas bastante interesantes sobre la inteligencia». Espero que a usted se lo parezcan.

Nota para leer esta obra: A menudo hablaré aquí de correlaciones y de la intensidad de las mismas. Quien quiera saber qué es una correlación encontrará una explicación en el apéndice final. Recomiendo su lectura antes de empezar el capítulo 1. A lo largo de la obra describiré muchos metaanálisis, otro concepto que también se explica en dicho apéndice.

Relación de ilustraciones

8 **Cubierta del Moray House Test utilizado para el Sondeo Mental Escocés de 1932.** Pág. 55.

9 **Fotografía de las personas que participaron en el Sondeo Mental Escocés de 1932 y que acudieron 66 años después a realizar la misma prueba que habían realizado con 11 años de edad el 1 de junio de 1932.** © Aberdeen Journals Ltd. Utilizado con el amable permiso de DC Thomson & Co Ltd. Pág. 59.

10 **Diagrama de dispersión en el que se comparan las puntuaciones obtenidas por las mismas personas en el Moray House Test de 1932 (a los 11 años de edad) y en 1998 (a los 77 años).** Pág. 59.

11 **Cantidad y porcentaje de niñas y niños que caen dentro de cada franja de puntuación de CI.** Reproducido con permiso de Deary, I. *et al.* (2003). «Population sex differences in IQ at age 11: the Scottish mental survey 1932». *Intelligence*, 31(6), 533-542. Copyright © 2003 Elsevier Science Inc. Todos los derechos reservados. Pág. 74.

12 **Porcentaje de niños y niñas que caen dentro de cada puntuación estándar de nueve (eneatipo) del CAT3.** Reproducido con permiso de Strand, S. *et al.* (2006). «Sex differences in Cognitive Abilities Test scores: A UK national picture». *British Journal of Educational Psychology*, 76(3), 463-480. © The British Psychological Society. Pág. 82.

13 **Diferentes contribuciones de los genes, el entorno compartido y el entorno no compartido a las diferencias en cuanto a la capacidad cognitiva general a diferentes edades.** Reproducido con permiso de Haworth, C. *et al.* (2009). «The heritability of general cognitive ability increases linearly from childhood to young adulthood». *Molecular Psychiatry*, 15, 1112-1120. Copyright © 2009, Springer Nature. Pág. 94.

14 **Un diagrama de Manhattan.** Reproducido a partir de Davies, G. *et al.* (2018). «Study of 300,486 individuals iden-

tifies 148 independent genetic loci influencing general cognitive function». *Nature Communications*, 9, 2098. CC BY 4.0. Pág. 103.

15 **Dispositivo para medir el tiempo de reacción simple y el tiempo de reacción de cuatro opciones.** Fotografía de Ian Deary. Pág. 117.

16 **Asociación entre la inteligencia y el tiempo de reacción simple y de elección para personas de 30 años (nacidas en la década de 1970), 50 años (nacidas en la década de 1950) y 69 años (nacidas en la década de 1930).** Reproducido a partir de Der, G., y Deary, I. (2017). «The relationship between intelligence and reaction time varies with age: Results from three representative narrow-age age cohorts at 30, 50 and 69 years». *Intelligence*, 64, 89-97. CC BY 4.0. Pág. 121.

17 **Secuencia de eventos para un ítem en la prueba de tiempo de inspección.** Reproducido con permiso de Deary, I. *et al.* (2004). «The functional anatomy of inspection time: an event-related fMRI study». *NeuroImage*, 22(4), 1466-1479. Copyright © 2004 Elsevier Inc. Todos los derechos reservados. Pág. 126.

18 **Imágenes cerebrales tomadas de participantes en la Cohorte de Nacimiento de Lothian de 1936.** Agradezco al doctor Simon Cox la realización de esta figura. Pág. 134.

19 **Asociación entre las diferencias del alumnado en cuanto a función cognitiva general (F1) a una edad aproximada de 11 años en la batería del Test de Capacidades Cognitivas (CAT) y el rendimiento general en las pruebas de GCSE (F2) a una edad aproximada de 16 años, sobre la base de la combinación de seis materias elegida con más frecuencia en las pruebas de GCSE.** Reproducido con permiso de Deary, I. *et al.* (2007). «Intelligence and educational achievement». *Intelligence*, 35(1), 13-21. Copyright © 2006 Elsevier Inc. Todos los derechos reservados. Pág. 149.

20 **Algunos factores estudiados por su asociación con el rendimiento laboral.** Pág. 154.

21 **Uno de los doce diagramas del informe de Calvin** *et al.* **que representa la asociación entre las puntuaciones obtenidas en pruebas de inteligencia efectuadas con 11 años de edad y la probabilidad de morir por diversas causas antes de que transcurran 69 años.** Reproducido a partir de Calvin, C. *et al.* (2017). «Childhood intelligence in relation to major causes of death in 68 year follow-up: prospective population study». *BMJ*, 357, j2708. CC BY 4.0. Pág. 164.

22 **Son muchos los países que obtienen mejores resultados generación tras generación en los test de cociente intelectual.** Pág. 182.

23 **Aumentos en las puntuaciones de CI en varios tipos de test de inteligencia desde 1909 hasta 2013.** Reproducido con permiso de Pietschnig, J., & Voracek, M. (2015). «One Century of Global IQ Gains: A Formal Meta-Analysis of the Flynn Effect (1909-2013)». *Perspectives on Psychological Science*, 10(3), 282-306. Copyright © 2015, © SAGE Publications. Pág. 190.

24 **Cubierta de la obra** *The Bell Curve,* **de Richard J. Herrnstein y Charles Murray (1994), cortesía de Free Press.** Pág. 197.

1
¿Hay una sola inteligencia o hay muchas?

Es muy común que se emitan comentarios sobre las capacidades mentales de los demás. Sin embargo, cuando decimos que una persona es lista, astuta, inteligente, brillante o aguda puede haber cierta ambigüedad. Por un lado, a veces nos referimos con esos términos a que se tiene una capacidad mental mayor o menor: «¡Qué chica tan brillante!». Por otro lado, a veces destacamos una habilidad mental especial muy acusada que parece contrastar con otras dotes más modestas: «Es bueno con los números, pero nunca recuerda dónde pone las cosas y no es nada cabal». En este primer capítulo, descubriremos si algunas personas son inteligentes en un sentido general o no.

A continuación describiré qué clase de cosas se miden en un conjunto muy conocido y utilizado de pruebas de inteligencia. Después analizaré si esas habilidades diversas están relacionadas entre sí o si son independientes. Durante mi descripción del conjunto de test mentales, tenga siempre presente la siguiente pregunta: «Si una persona es buena en esta tarea mental, ¿es probable que también lo sea en las demás?».

La Escala Wechsler de Inteligencia para Adultos, Cuarta Edición

La primera historia sobre investigación que veremos aquí guarda relación con la decisión que tomó una gran empresa internacional dedicada al desarrollo de test psicológicos para actualizar su batería de test de inteligencia para adultos más completa. Sometieron a estas pruebas a más de 2.000 personas. La pregunta que quiero plantear a partir de este conjunto de datos es: ¿la gente suele ser buena en algunas de las pruebas mentales y mala en otras, o simplemente se es bueno o malo en general en todas las pruebas mentales? Con pruebas mentales me refiero a pruebas cognitivas, pruebas que evalúan la capacidad para pensar.

En la figura 1 se relacionan las tareas mentales requeridas para obtener este conjunto de datos. En la parte inferior del diagrama hay quince recuadros rectangulares; cada uno de ellos porta el nombre de un test cognitivo diferente, y los quince test conforman el conjunto de pruebas denominado Escala Wechsler de Inteligencia para Adultos, IV edición, que se abrevia como WAIS-IV y tiene un precio de varios cientos de dólares o euros. Solo lo pueden comprar personas con las credenciales adecuadas, por ejemplo, profesionales de la psicología educativa, clínica y laboral. Y solo puede aplicarlo un evaluador psicológico capacitado que trabaje de forma personalizada con el individuo evaluado durante un par de horas. Estas quince pruebas individuales exigen gran variedad de esfuerzos mentales a la persona que se somete a este examen. Es útil describir cada test individual y algunos de sus ítems para no hablar de este tema en abstracto. De este modo, durante el resto del libro tendremos bien claro qué tipo de pruebas cognitivas han realizado las personas cuando obtienen puntuaciones buenas, intermedias o malas en los test de inteligencia. Dado que los test están protegidos por derechos de autor, describiré ítems similares a los que aparecen en la batería de test de Wechsler, pero no los ítems reales. Hay muchos otros conjuntos de pruebas mentales. He elegido el test WAIS porque su uso está muy extendido desde hace mucho tiempo. Si me hubiera decidido por otro conjunto de pruebas, los resultados habrían sido similares. En los próximos capítulos hablaré de muchos otros test individuales y baterías de test de inteligencia.

Si una persona se viera ante un test WAIS-IV se encontraría con lo siguiente. Nombraré las quince subpruebas y describiré brevemente cada una de ellas. También señalaré cuántos ítems conforman cada test.

Semejanzas. Consiste en decir qué tienen en común dos conceptos. Por ejemplo: ¿en qué se parecen una manzana y una pera? ¿En qué se parecen un cuadro y una sinfonía? (18 preguntas)

Vocabulario. Consiste en decir qué significan ciertas palabras. Por ejemplo: silla (fácil), indeciso (dificultad intermedia), presuntuoso (difícil). (30 palabras)

Información. Preguntas de cultura general relacionadas con personas, lugares y acontecimientos. Por ejemplo: ¿cuántos días tiene una semana? ¿Cuál es la capital de Francia? Nombre tres océanos. ¿Quién escribió *La ilíada*? (26 preguntas)

Comprensión. Preguntas sobre problemas de la vida cotidiana, aspectos de la sociedad y proverbios o refra-

1. Jerarquía de tres niveles de las pruebas de aptitud mental de la Escala Wechsler de Inteligencia para Adultos IV

nes. Por ejemplo: diga algún motivo por el que guardamos los alimentos en el refrigerador. ¿Por qué necesita la gente un carnet para conducir? ¿Qué significa la expresión «más vale pájaro en mano que cien volando»? (18 preguntas)

Diseño con cubos. Teniendo a la vista una figura bidimensional formada por cuadros rojos y blancos y triángulos, hay que reproducir la misma figura usando cubos con lados de color rojo o blanco y con lados con una mitad en diagonal de color rojo y la otra mitad de color blanco. (14 figuras)

Razonamiento con matrices. Consiste en encontrar el elemento que falta en una figura construida de forma lógica. Un ejemplo muy sencillo sería la tarea que se muestra en la figura 2. (26 preguntas)

Rompecabezas visuales. En la parte superior de cada página hay una figura. Debajo de ella hay seis figuras parciales. Encuentre tres figuras parciales que puedan juntarse para crear la figura de la parte superior de la página. (26 preguntas)

Pesos figurados. Escoja los objetos correctos para equilibrar el peso de la balanza. En la figura 3 se muestra un ejemplo de dificultad intermedia de este tipo de ejercicio. (27 preguntas)

Figuras incompletas. Localice el elemento que falta en una serie de dibujos en color. Por ejemplo: los radios que faltan en una rueda de la imagen de una bicicleta; el ojal de la chaqueta que falta en la imagen de una persona. Al igual que en las pruebas anteriores de esta batería de test, la dificultad de las preguntas se va incrementando. (24 dibujos)

Retención de dígitos. Consiste en repetir una sucesión de números. Las sucesiones tienen una longitud de entre 2 y 9 números. Un ejemplo fácil sería repetir 3–7–4; más difícil es 3–9–1–7–4–5–3–9. La segunda parte de esta prueba consiste en repetir las sucesiones en orden inverso. (Un máximo de 16 secuencias hacia delante y 16 hacia atrás)

Aritmética. Consiste en la resolución mental de problemas de aritmética. Se trata de efectuar cuentas simples, sumas, restas, multiplicaciones, divisiones y porcentajes. (22 preguntas)

Sucesiones de letras y números. La persona que supervisa la prueba lee una lista de letras y números alternos (un mínimo de dos y un máximo de ocho). La persona que se somete al test debe repetirla colocando primero los números por orden creciente y después las letras por orden alfabético. Por ejemplo, el especialista lee «W–4–G–8–L–3» y la persona evaluada debe responder «3–4–8–G–L–W». (30 pruebas como máximo)

Búsqueda de símbolos. A partir de una lista de símbolos abstractos, se identificará cuál de los dos símbolos de un par determinado aparece en esa lista. (Todos los que se logren efectuar correctamente en dos minutos)

Claves. Se trata de anotar el símbolo que se corresponde con un número dado. En la figura 4 se muestra un ejemplo de este tipo de ejercicio. (Todos los que se logren efectuar correctamente en dos minutos)

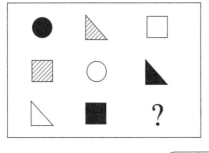

¿Cuál de estas figuras es la adecuada para completar el esquema superior?

2. Ejemplo de un ítem de razonamiento con matrices. Este no procede de la Escala Wechsler de Inteligencia para Adultos IV porque sus materiales están protegidos por derechos de propiedad intelectual. Se trata de un ítem desarrollado, pero no utilizado, para la revisión del test de matrices progresivas de Raven.

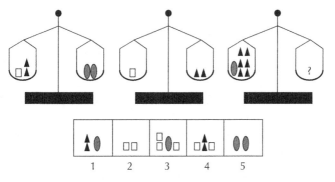

3. Ejemplo de un ítem de pesos figurados. Este no procede de la Escala Wechsler de Inteligencia para Adultos IV porque sus materiales están protegidos por derechos de propiedad intelectual. Es un ítem creado por mí para imitar los que aparecen en esos test. Este ejercicio no es especialmente sencillo. ¿Cuál de las cinco posibles respuestas es la correcta para que la tercera balanza quede equilibrada?

23

Cancelación. En una hoja grande de papel con triángulos y cuadrados marrones y triángulos y cuadrados azules, tache con el lápiz todos los cuadrados azules y todos los triángulos marrones. Hay una segunda hoja con estrellas y círculos rojos o amarillos. (Se mide el tiempo que se tarda en completar la tarea en cada hoja)

Este es el conjunto completo del test WAIS-IV. Algunas de sus quince pruebas guardan relación con el lenguaje, otras portan números, otras incluyen figuras y otras son más abstractas. Algunas requieren velocidad, con limitaciones de tiempo, y otras no. Algunas implican memoria y otras no. Algunas exigen razonar a partir de la información que se nos proporciona; otras consisten en detectar patrones; otras conllevan articular principios abstractos, y en otras se aplican conocimientos prácticos. Algunas apelan a conocimientos adquiridos durante la formación académica y otras no. Las pruebas abarcan una variedad extensa de funciones mentales: detectar semejanzas y diferencias, establecer deducciones, crear y aplicar reglas, recordar y manipular materiales de forma mental, averiguar cómo construir figuras, procesar información sencilla a gran velocidad, expresar el significado de palabras, recordar conocimientos generales, explicar acciones prácticas de la vida cotidiana, trabajar con números, prestar atención a detalles, etc. Son unas pruebas bastante representativas de los diversos contenidos evaluados en los test para medir el cociente intelectual, es decir, los test de inteligencia. Sin embargo, algunas funciones mentales parecen estar poco representadas aquí o no estarlo en absoluto, pero se valora una gama amplia de competencias para el razonamiento. Y, quien quiera tachar estos ejercicios de simples test de «papel y lápiz», sepa que solo tres de las quince pruebas requieren el empleo de un lápiz, y ninguna exige escribir palabras, letras o números.

Clave

1	2	3	4	5	6	7	8	9
>	—	≠	□	×	|	⌐	人	▽

Ejercicio de prueba

4	8	9	1	2	6	3	5	7

Test

3	2	5	6	9	1	2	7	7

4	6	7	2	1	9	8	8	3

2	3	8	5	6	4	8	3	7

4. Parte de un ejercicio bastante similar al test de claves de la Escala Wechsler de Inteligencia para Adultos IV. Consiste en insertar el símbolo correspondiente a cada número en el hueco vacío que se proporciona. La puntuación obtenida depende del número de símbolos colocados correctamente en dos minutos. En el test real habría muchos más ítems disponibles para completar.

El WAIS-IV es desarrollado y comercializado por Pearson Education en Estados Unidos y Reino Unido, una empresa enorme que desarrolla y comercializa una gama amplia de test psicológicos en todo el mundo. Durante la recopilación de información para validar el WAIS-IV en EE. UU., se examinó a 2.200

personas de edades comprendidas entre los 16 y los 90 años entre 2007 y 2008. Aquí analizaré los datos extraídos de las 1.800 personas que tenían entre 16 y 69 años cuando se sometieron al test, porque realizaron la totalidad de las quince pruebas. Si se compara con el censo de Estados Unidos, fue un grupo representativo de la sociedad de este país en cuanto a sexo, etnia y ubicación geográfica, con una variedad óptima de estudios académicos. Eran personas sanas cuyo primer idioma era el inglés y ninguna era especialista en psicología. Cada una de estas personas se sometió a las quince pruebas mentales del WAIS-IV durante un tiempo total de una o dos horas. Los resultados de este gran ejercicio de comprobación reproducen uno de los hallazgos más sorprendentes y replicados en psicología.

Pero antes de comentar ese hallazgo, plantéese la siguiente pregunta: ¿qué esperaríamos ver en las relaciones (correlaciones) entre estas quince pruebas diferentes? Una suposición razonable, que yo mismo compartía antes de ver datos de este tipo, es que muchas de estas funciones mentales no guardan ninguna relación entre sí. Es decir, tal vez no exista ninguna correlación entre el rendimiento en ciertas pruebas individuales y en otras. Cabría ir incluso más allá y dar por hecho que ser bueno en ciertos ejercicios podría conllevar el precio de ser mediocre en otros; esto apuntaría a una correlación negativa entre algunas de las pruebas. Por ejemplo, las personas con más capacidad para detectar patrones espaciales quizá tengan peores habilidades verbales. O tal vez quienes consiguen ver detalles pequeños y minuciosos en las imágenes sean peores para escudriñar listados con rapidez. O puede que las personas con buena memoria tengan menos velocidad mental. Muchas opiniones intuitivas sobre las capacidades mentales van en la línea de que cualquier ventaja mental con la que contemos tiene algún coste.

Ninguna de estas predicciones es correcta. Hay 105 correlaciones cuando se observan todos los emparejamientos entre las quince pruebas. Todas las correlaciones son positivas, es decir, obtener un buen resultado en una de las pruebas suele ir unido a hacer bien las demás. No hay ninguna prueba que no guarde ninguna relación con otra, es decir, no hay correlaciones cercanas a cero. No hay pruebas que mantengan una relación negativa con otras. Incluso la correlación más baja entre dos pruebas alcanza el modesto valor de 0,21 (entre la prueba de comprensión y la de cancelación). La correlación más alta (entre las pruebas de comprensión y vocabulario) vale 0,74. La de las 105 correlaciones asciende a 0,45. Por tanto, hasta la correlación promedio entre estas pruebas mentales diversas es considerable. Pero no olvidemos que hablamos de tendencias dentro de este gran grupo de personas y que las correlaciones no son perfectas, porque hay individuos que proporcionarán alentadoras excepciones a la tendencia general.

El segundo dato relevante es que algunos subgrupos de las quince pruebas de la batería WAIS-IV incluyen ítems que están más relacionados entre sí que otros. Por ejemplo, las pruebas de semejanzas, vocabulario, información y comprensión mantienen asociaciones muy elevadas entre sí. El promedio de las seis correlaciones entre estas cuatro pruebas vale 0,70. Por tanto, aunque mantienen una relación considerable con todas las pruebas de la batería WAIS-IV, forman un conjunto de pruebas especialmente relacionadas entre sí. Esto no tiene nada de sorprendente, ya que estas cuatro pruebas tienen que ver con el lenguaje, con haber adquirido conocimientos y con la capacidad de comprensión.

Dentro del conjunto de pruebas de WAIS-IV hay cuatro grupos de test con asociaciones especialmente estrechas entre sí, aunque siguen manteniendo una relación positiva con todas las demás. Esto también sucede, por ejemplo, con la retención de dígitos, la aritmética y las sucesiones de letras y números. Forman otro bloque con una correlación media de 0,62. Mantienen una relación positiva con todas las demás pruebas de la batería, pero están especialmente relacionadas entre sí. Estas tres pruebas tienen que ver con los números y la capacidad para retener listas en la memoria a la vez que se trabaja con ellas.

Hay otros dos grupos de pruebas con una relación especial entre sí. Estos cuatro conjuntos de pruebas se muestran en la figura 1 y se describen a continuación.

Obsérvese que la elipse de la figura 1 con la etiqueta «Comprensión verbal» recibe flechas procedentes de cuatro pruebas: semejanzas, vocabulario, información y comprensión. Esto significa que las asociaciones entre estas pruebas son tan estrechas que se pueden englobar dentro de una entidad hipotética denominada «comprensión verbal». Esta entidad representa el descubrimiento de que estas cuatro pruebas están más conectadas entre sí de lo que lo están con otras pruebas. No existe ninguna prueba llamada «comprensión verbal», sino que esta denominación representa el solapamiento estadístico entre esas cuatro pruebas individuales, a las que alguien ha asignado un nombre conjunto que suena convincente para captar el tipo de razonamiento necesario para realizarlas. El nombre global reconoce que mantienen una correlación muy grande. Esto no debe llevarnos a pensar que hay algo en el cerebro que ejecuta la «comprensión verbal», sino que este nombre se aplica a lo que parece ser común en el razonamiento necesario para realizar esas pruebas.

Consideremos ahora los otros grupos de pruebas dentro del WAIS-IV que parecen estar especialmente conectados. En la figura 1, las pruebas de diseño con cubos, razonamiento con matrices, rompecabezas visuales, pesos figurados y figuras incompletas, que están muy relacionadas, se engloban en el epígrafe «razonamiento perceptivo». La media de las diez correlaciones entre estas pruebas asciende a 0,52. Creo que la etiqueta asignada a este grupo capta bien el tipo de razonamiento necesario para efectuar bien estas pruebas, aunque también podría haberse denominado razonamiento abstracto.

Las tres pruebas que guardan relación con números y listados se reúnen bajo el epígrafe «memoria operativa»: retención de dígitos, aritmética y sucesiones de letras y números. La memoria operativa o memoria de trabajo es una etiqueta que se utiliza en psicología para describir la capacidad para retener información en la memoria y manipularla al mismo tiempo. Imagine lo que hay que hacer en la prueba consistente en retener dígitos hacia atrás: la persona evaluadora lee una lista de números, y la persona examinada debe reproducirla pero al revés. Por tanto, al mismo tiempo que retiene la lista, debe invertirla en la mente y leerla hacia atrás. Esto supone un gran esfuerzo mental, sobre todo si se trata de un listado más bien largo, y la capacidad que se pone a prueba con este ejercicio es lo que en psicología se denomina «memoria operativa» o «memoria de trabajo».

Por último, hay tres pruebas muy conectadas que implican trabajar a gran velocidad para establecer comparaciones sencillas o tomar decisiones simples con símbolos visuales. Son las pruebas de búsqueda de símbolos, claves y cancelación. El promedio de las tres correlaciones entre estas pruebas vale 0,51. Cada ítem de estas pruebas es fácil. Si no hubiera limitación de tiempo para realizarlas, muy pocas personas las harían mal. La clave para obtener buenos resultados en estas pruebas consiste en responder bien en muy poco tiempo un gran número de estos ítems fáciles. Se engloban bajo la etiqueta «velocidad de procesamiento». Estas pruebas contrastan con los ítems de los otros grupos, algunos de los cuales son de tal dificultad que no los resolveríamos correctamente por mucho tiempo que nos dieran para cavilar sobre ellos.

En resumen, este conjunto de quince pruebas mentales variadas a las que se sometieron 1.800 estadounidenses adultos reveló que las personas que son buenas en cualquiera de las quince pruebas tienden a ser buenas en las otras catorce. Además, hay subgrupos de pruebas que guardan una relación más estrecha entre sí que con las pruebas de los otros tres grupos. La figura 1 ilustra esto último mostrando los grupos de pruebas que están relacionados entre sí reunidos bajo títulos o etiquetas que resumen la clase de habilidad mental común a esos test. El nombre conjunto que reciben estos cuatro subgrupos es «factores de grupo de inteligencia» o «dominios cognitivos». Estos dominios de rendimiento cognitivo pueden separarse hasta cierto punto, porque los test de un mismo dominio están más relacionados entre sí que con los test de otros dominios.

La puntuación obtenida se puede separar por dominios, de forma que se ponderen los dominios cognitivos de la comprensión verbal, el razonamiento perceptivo, la memoria operativa y la velocidad de procesamiento. Igual que se hace con las quince puntuaciones de las pruebas individuales, también se pueden medir las correlaciones entre los diferentes dominios cognitivos. Es decir, podemos plantearnos si una persona que es buena en uno de estos dominios de destreza mental suele ser buena también en todos los demás. Por ejemplo, las personas con puntuaciones bastante altas en memoria operativa, ¿tienen también más velocidad de procesamiento, mejor puntuación en comprensión verbal y mejores resultados en razonamiento perceptivo? La respuesta es sí: estos cuatro dominios cognitivos tienen correlaciones de entre 0,45 y 0,64. Se trata de asociaciones importantes. Las personas que obtienen puntuaciones elevadas en uno de estos dominios también suelen tener buenas puntuaciones en todos los demás. Esto se muestra en la figura 1 reuniendo todos los dominios cognitivos bajo un epígrafe único «g», que, de acuerdo con una convención de hace años, denota el «factor general de inteligencia». Una vez más, se trata de una destilación estadística que describe un descubrimiento rotundo de la investigación: es decir, que todas las pruebas tienen algo en común en relación con la tendencia a obtener resultados buenos, modestos o malos en todas ellas.

Lo que viene a continuación es importante. Los rectángulos del nivel inferior de la figura 1 son los test cognitivos reales (las quince pruebas individuales) que componen la batería de la Escala Wechsler de Inteligencia para Adultos IV. Las cuatro elipses que representan los dominios cognitivos (el nivel medio de la figura) y la elipse que contiene *g* (el nivel superior de la figura) constituyen maneras óptimas de representar las asociaciones estadísticas entre los test contenidos en los rectángulos. Los elementos de las elipses de los niveles medio y superior, los dominios cognitivos y «g», no equivalen a funciones de la mente humana; no son partes del cerebro. Los nombres que colocamos en las elipses de los niveles medio y superior son suposiciones razonables sobre lo que parecen tener en común los subgrupos de pruebas que están íntimamente asociados. Las elipses de los niveles medio y superior surgieron de los procedimientos estadísticos y de los datos, no de la intuición sobre similitudes entre los test; sin embargo, las etiquetas que escribimos dentro de las elipses se crean aplicando el sentido común. Es importante tener en cuenta que el análisis de las pruebas cognitivas que tratamos aquí solo clasifica las asociaciones estadísticas de los test: no desvela los sistemas en los que el cerebro separa cada una de sus actividades. Sin embargo, todo esto podría darnos algunas pistas al respecto, aunque eso requeriría una investigación más profunda.

Esta forma de describir las diferencias entre las personas en cuanto a capacidades mentales, como se ilustra en la figura 1, se denomina jerarquía. El mensaje de este extenso estudio es que algo menos de la mitad de las diferencias en un grupo grande de adultos es atribuible a las dotes mentales necesarias para realizar todas las pruebas; esto se denomina *g* o «inteligencia general» o «capacidad cognitiva general» o «función cognitiva general». Por tanto, tiene sentido hablar de un tipo general de capacidad mental; hay algo de verdad cuando se habla de una sola inteligencia general. Hay algo común en las diferencias de rendimiento que se obtienen en muchos tipos de pruebas cognitivas.

Es importante tener claro que g es un resultado estadístico, pero no es en absoluto un artefacto estadístico. Es decir, g podría no surgir. El análisis utilizado para examinar las correlaciones entre los test no exige la aparición de un factor g. Si no existiera ninguna tendencia en los test a mantener una correlación positiva entre todos ellos, como lo hacen, no existiría g. Sigo considerando que g es un resultado sorprendente. En la siguiente parte de este capítulo veremos que g es un resultado constante cuando se aplican diversas pruebas cognitivas a un grupo de personas.

También es importante tener claro que g no explica todas las diferencias entre las personas en esas quince pruebas, sino que solo responde de un 40 % más o menos. Podemos afirmar con seguridad que algunas personas son, en general, más inteligentes que otras, y también que la capacidad mental humana consiste en algo más que ser inteligente en términos generales. En la figura 1 se ve que hay tipos de competencias mentales más restringidos que g (dominios cognitivos), y que estos se pueden describir en términos de clases de trabajo mental específico necesario para realizar determinados conjuntos de pruebas. Por último, la combinación de la capacidad cognitiva general y los dominios cognitivos sigue sin ser suficiente para explicar las diferencias que presentan las personas en cuanto a rendimiento en las quince pruebas del WAIS-IV. Existe, además, una capacidad muy específica necesaria para realizar bien cada test. Esto es algo que no se da en ningún otro test aunque el material del test sea muy similar al de otros test.

Cuando una persona se somete a las quince pruebas de la Escala Wechsler de Inteligencia para Adultos IV, el especialista en psicología puede asignar puntuaciones a cada prueba, puntuaciones a cada uno de los cuatro dominios y una puntuación a *g*. La puntuación para *g* se denomina «cociente intelectual total» en la batería de pruebas del test de Wechsler. Veamos la distribución de esa puntuación para el cociente intelectual (CI) en la población. Observe la figura 5: tiene la forma de campana conocida, también, como curva normal. En la línea inferior constan las puntuaciones de CI. La puntuación media en este parámetro está fijada de forma arbitraria en 100. Identifique la puntuación de CI = 100 en la parte inferior de la gráfica y observe que la línea que asciende desde ella alcanza el punto más alto de la curva. La altura de la curva en cualquier punto es proporcional al número de personas de la población que obtiene esa puntuación. Por tanto, las puntuaciones se vuelven más raras (menos frecuentes) a medida que se apartan de la media. Cuando se mide la altura de la población se obtiene una curva similar, donde la mayoría de las personas se sitúa en torno a la media, mientras que las personas muy altas y muy bajas son más raras (menos frecuentes). Hemos identificado el CI medio con 100. Esto da como resultado el punto más alto de la curva. A continuación, necesitamos una forma de describir cómo se distribuyen las puntuaciones a ambos lados de la media. Este aspecto de la distribución de las puntuaciones se denomina desviación estándar. En la escala del CI de Wechsler, la desviación estándar se fija arbitrariamente en 15. En una curva con esta forma, eso significa que el 34 % de las personas estará dentro del rango de puntuación que va desde la media hasta una desviación estándar por encima de la media, es decir, de 100 a 115; el 14 % de las personas tendrá puntuaciones de 115 a 130, es decir, entre una y dos desviaciones estándar por encima de la media, y el 2 % de las personas tendrá puntuaciones de 130 a 145, es decir, entre dos y tres desviaciones estándar por encima de la media. Solo el 0,1 % de las personas –una de cada mil– tendrá puntuaciones superiores a 145, es decir, más de tres desviaciones estándar por encima de la media. A partir de la forma de la curva se deduce que solo una persona entre un millón tendría un CI de 171 o superior. En las puntuaciones inferiores a la media también se da este incremento de la rareza. Por ejemplo, solo el 2 % de las personas tienen un coeficiente intelectual de 55 a 70. Solo una persona de cada mil tiene una puntuación de CI inferior a 55.

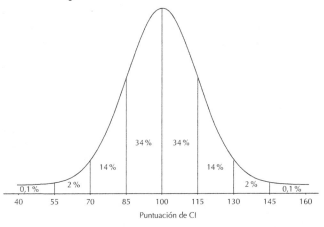

5. Distribución de las puntuaciones de CI en la población. La media es 100 y la desviación estándar es 15. La gráfica muestra el porcentaje de personas con diferentes puntuaciones de CI. Obsérvese que la mayoría de las personas tiene puntuaciones en torno a la media, y que hay menos personas situadas en los extremos.

Lo que revela el conjunto de datos de la Escala Wechsler de Inteligencia para Adultos IV es que, a la hora de valorar lo bien que una persona realiza los test cognitivos, debemos considerar al menos tres cuestiones. En primer lugar, la solidez de su competencia general. En segundo lugar, sus fortalezas y debilidades en los distintos dominios cognitivos. Y, en tercer lugar, si destaca en algunas pruebas individuales. Aparte de estos tres niveles competenciales, también intervienen la suerte y el azar: parte de la puntuación que se obtiene en una prueba se debe a si la persona ha tenido o no un buen día. Espero que esto aclare en cierta medida la cuestión de cuántas capacidades cognitivas tenemos los seres humanos. La respuesta es que depende del nivel de especificidad que se tenga en mente. Existe una inteligencia general y también hay capacidades mentales más específicas.

La primera persona que habló del factor general de la inteligencia humana fue un oficial del ejército inglés llamado Charles Spearman, que estudió psicología en su madurez y escribió un famoso trabajo de investigación en el año 1904. Analizó las puntuaciones de escolares en diferentes materias académicas y encontró una correlación positiva. Él lo atribuyó a diferencias en una capacidad mental general entre los distintos niños. Siguieron décadas de debate entre especialistas en psicología sobre si existe o no esa entidad única. Los psicólogos estadounidenses, en especial Louis Thurstone, propusieron que hay unas siete capacidades mentales humanas separables que él consideraba básicas. Las denominó capacidades «primarias», y restó importancia al factor «g». Sin embargo, existía una correlación positiva entre aquellas siete capacidades, incluso dentro de su propio conjunto de datos. El debate prosiguió y todavía perdura en cierta medida entre quienes desconocen los datos de la investigación. Sin embargo, en la década de 1940 se vio con claridad que siempre que se evalúa un grupo de personas en relación con un conjunto de pruebas cognitivas, las correlaciones entre las puntuaciones de las pruebas son casi siempre positivas. Que existe el factor general de la inteligencia humana es un hecho significativo e ineludible, algo que se tornó más evidente a comienzos de la década de 1990.

El estudio de Carroll sobre «capacidades cognitivas humanas»

En 1993, el psicólogo estadounidense John Carroll publicó su libro *Human Cognitive Abilities: A Survey of Factor Analytic Studies* [«Capacidades *cognitivas humanas: un informe sobre estudios analítico-factoriales*»]. Su actividad dentro de la psicología académica lo llevó a participar en la mayoría de los debates sobre el número y la naturaleza de las capacidades mentales humanas. Él vio que existían desacuerdos y barreras para llegar a un consenso. Uno de los problemas consistía en que había cientos de estudios que habían sometido a las personas a diversas pruebas de aptitud cognitiva que utilizaban diferentes números y diferentes tipos de test de inteligencia. Las personas examinadas en los estudios tenían edades y procedencias diversas. Los investigadores utilizaban métodos estadísticos dispares para extraer sus conclusiones sobre cuántas capacidades mentales hay y, sobre todo, para valorar si existe un factor general de inteligencia. Carroll se propuso rescatar el mayor número posible de estudios de buena calidad sobre la inteligencia humana realizados durante el siglo xx. Y a continuación volvió a analizar esos estudios aplicando un mismo conjunto de métodos estadísticos estándar. Esto implicó que volviera a analizar más de 400 conjuntos de datos que incluían la mayoría de las recopilaciones de datos más grandes y conocidas de la época sobre valoraciones de la capacidad mental humana. Por tanto, quien estudie el informe que Carroll presentó en su libro accede a la mayor parte de los datos más conocidos que se han recopilado sobre diferencias en cuanto a inteligencia humana.

El libro de Carroll tiene más de 800 páginas. Los resultados se presentan en forma de análisis estadísticos y con terminología técnica, pero la conclusión es clara. En cada conjunto de datos detectó el mismo patrón de correlaciones que vimos en el WAIS-IV: las personas que obtenían buenos resultados en una prueba mental determinada solían tener buenos resultados en las demás. Había algunos subgrupos de pruebas con asociaciones especialmente altas. Los conjuntos de datos implicaban un factor de capacidad cognitiva general que explicaba una cantidad considerable de las diferencias entre personas en las pruebas cognitivas individuales.

Las conclusiones de Carroll se resumen en la página 626 de su obra, en un diagrama que él denominó «modelo de tres estratos» de la capacidad cognitiva humana. En la figura 6 mostramos una versión simplificada del mismo. Tiene una estructura muy similar a la de la figura 1. En la parte superior de su jerarquía se encuentra el «Estrato III» o «inteligencia general», como él lo denominó. En el «Estrato II» hay ocho grandes tipos de capacidades mentales, cuatro de los cuales son similares a los dominios cognitivos que vimos en el WAIS-IV. Carroll encontró más bloques de capacidades mentales porque examinó conjuntos de datos que incluían más tipos de pruebas cognitivas, y más dispares, que la batería de test del WAIS-IV. El «Estrato I» (mostrado aquí a modo de conjuntos de flechas) contenía capacidades mentales muy específicas, muy parecidas a las correspondientes a las pruebas de capacidades individuales que vimos en el WAIS-IV. Una vez más, al igual que comprobamos en los datos del WAIS-IV, los estratos de capacidades mentales de Carroll surgieron como resultado de la aplicación de un procedimiento estadístico estandarizado. Carroll no impuso una estructura a los datos. Él descubrió, no inventó, la jerarquía de las diferencias en cuanto a inteligencia. La inteligencia general emerge sin forzarla de cada conjunto de datos obtenido al someter a un gran número de personas a varias pruebas mentales. Carroll nos legó el mejor estudio que existe de la jerarquía, pero esta se había detectado mucho antes de la publicación de su libro en 1993. Los psicólogos británicos Cyril Burt y Philip E. Vernon ya habían explicitado las diferencias en cuanto a inteligencia de esta manera jerárquica en sus respectivos libros de 1940.

La conclusión es la siguiente. Cuando se obtiene una buena puntuación en un test mental, puede deberse al menos a cuatro razones que no son excluyentes: la persona tiene buenos resultados en general en todos los test cognitivos (tiene una inteligencia general elevada); la persona tiene buenos resultados en un tipo de test concretos (tiene una capacidad alta para ese dominio cognitivo); la persona tiene buenos resultados en un test específico (tiene una capacidad alta para esa tarea cognitiva específica) o la persona

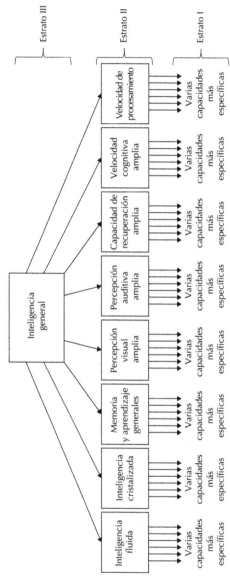

6. Representación jerárquica de las asociaciones entre las puntuaciones de las pruebas de aptitud mental. El diagrama representa el resultado de décadas de trabajo realizado por John B. Carroll, quien repitió el análisis de más de 400 bases de datos extensas y clásicas sobre investigación de la inteligencia humana.

Estrato III

Estrato II

Estrato I

Inteligencia general

Velocidad de procesamiento

Velocidad cognitiva amplia

Capacidad de recuperación amplia

Percepción auditiva amplia

Percepción visual amplia

Memoria y aprendizaje generales

Inteligencia cristalizada

Inteligencia fluida

Varias capacidades más específicas

tuvo el viento a favor ese día (la suerte la favoreció al realizar el test).

El descubrimiento de correlaciones positivas universales entre diferentes pruebas mentales por parte de Charles Spearman, su factor *g*, es un hallazgo empírico que se ha replicado muchas veces. No conozco ni un solo conjunto de datos relevante que no haya detectado estas correlaciones. Russell Warne extendió este fenómeno tan replicado a 31 países no occidentales. En 97 muestras con más de 50.000 personas sometidas a múltiples pruebas cognitivas, se detectó un factor general de inteligencia en casi todas ellas. Tal como se ha comprobado en otros lugares, este factor representaba alrededor del 46% del total de las diferencias en cuanto a puntuación entre las personas sometidas a las pruebas. Por lo tanto, hoy en día podemos describir con bastante fiabilidad la estructura de los resultados obtenidos en las pruebas cognitivas. Incluso se está dedicando un esfuerzo científico creciente para averiguar si existe algo parecido a la inteligencia general en diferentes especies de animales no humanos.

Sin embargo, es inapelable que no se ha demostrado que esto represente un modelo de la organización y los compartimentos del cerebro humano. No creo que el descubrimiento empírico de *g* implique una teoría de las diferencias en cuanto a inteligencia; más bien se trata de un hecho que requiere una explicación. En los capítulos subsiguientes veremos con frecuencia que el factor general de inteligencia es el aspecto más influyente en las puntuaciones de los test de inteligencia. Por ejemplo, la capacidad de los test cognitivos para predecir resultados académicos, laborales y sanitarios se debe sobre todo al factor general de inteligencia. Los factores genéticos también influyen. Y los efectos del envejecimiento repercuten en gran medida en el factor g, si bien son más sutiles. En el capítulo 2 veremos que la edad deteriora algunos dominios cognitivos y deja otros prácticamente intactos. Con el envejecimiento aparece una distinción importante entre las aptitudes del estrato II que forman parte de la denominada inteligencia «fluida» y «cristalizada».

La «inteligencia» al margen de los test de inteligencia

El hallazgo universal del factor g y de la jerarquía tal vez sorprenda a quienes han oído hablar o leído los populares escritos de Howard Gardner sobre «inteligencias múltiples». Él propuso que hay muchas variedades de capacidades mentales que no están relacionadas entre sí. Sin embargo, sus propuestas están limitadas por la falta de datos recopilados para demostrarlas. La cuestión es que algunas de las inteligencias supuestamente independientes de Gardner son bien conocidas por mantener una correlación positiva y por estar vinculadas a la capacidad mental general, como sus inteligencias verbal, matemática y musical. Aunque algunas de las facultades que él denominó inteligencias son atributos humanos valorados, no suelen considerarse capacidades mentales, es decir, no están dentro de la esfera cognitiva de los seres humanos. Por ejemplo, lo que él llama inteligencia física se corresponde con un conjunto de capacidades motoras, mientras que su inteligencia interpersonal guarda relación con rasgos de personalidad.

No obstante, Gardner tenía razón en un detalle: los test de aptitudes mentales como los que acabamos de describir aquí no evalúan todos los aspectos importantes de las diferencias psicológicas entre seres humanos. Las pruebas cognitivas estándar no miden la creatividad o la sabiduría, por ejemplo. Ninguna de estas valiosas cualidades es fácil de medir (la psicología no las comprende nada bien), aunque ambas mantienen algunas conexiones demostrables con la inteligencia. Las pruebas de capacidad mental no miden rasgos de personalidad (por ejemplo, si una persona es neurótica, extrovertida, meticulosa o amable), las habilidades sociales, el liderazgo, el carisma, la serenidad, el altruismo, o muchas otras cosas que cabría reconocer como diferencias individuales. Aunque esto no significa que los test de inteligencia sean inútiles.

Antes de continuar con las otras nueve cosas bastante interesantes sobre la inteligencia, debo añadir una última aclaración. Yo no invoco ni invento aquí ninguna entidad denominada *inteligencia*. Utilizo esta palabra como una abreviatura para referirme a las puntuaciones obtenidas en test cognitivos (de capacidad mental). De modo que lo que veremos en los capítulos 2 a 10 son otras nueve cosas bastante interesantes relacionadas con las puntuaciones que se obtienen en los test de inteligencia.

2
¿Qué sucede con la inteligencia a medida que avanza la edad?

Casi todas las personas de una edad intermedia y avanzada admiten sin reparos que sus capacidades físicas en muchos aspectos no son tan buenas como cuando tenían veinte o treinta años. A veces se quejan, con cierto humor, de que su memoria ya no es lo que era o de que no piensan tan rápido como antes. Pero no solemos decir que perdemos inteligencia a medida que envejecemos.

Las personas con un deterioro mayor de la inteligencia a medida que envejecen tienen más riesgo de padecer demencia y de morir antes. Y las personas mayores con un deterioro cognitivo más acusado suelen tener menos calidad de vida, y ser menos capaces de realizar las tareas de la vida cotidiana y de llevar una vida menos independiente. Por tanto, tiene relevancia práctica averiguar si la capacidad para pensar envejece mejor en unas personas que en otras, y por qué. Este es uno de los objetivos principales de mi equipo de investigación, y constituye el tema de este capítulo.

Los estudios de Salthouse en Virginia

En este apartado nos encontraremos con Timothy Salthouse, una de las eminencias internacionales en envejecimiento cognitivo que se ha preguntado si ser mayor repercute en los dominios cognitivos. Este estudio constituye algo intermedio entre un conjunto de datos y un metaanálisis, porque Salthouse reunió muchos de sus conjuntos de datos para tener tamaños de muestra de entre 2.369 y 4.149 personas. La edad de los participantes abarcaba desde los 20 hasta más de 85 años, y cada uno de ellos realizó algún subconjunto de dieciséis pruebas cognitivas diferentes.

Salthouse creó el listado de las pruebas cognitivas con el objeto de que estuvieran representados diferentes dominios cognitivos. Incluían test de memoria como, por ejemplo, recordar listas de palabras no relacionadas y recordar qué palabras estaban emparejadas con otras en listas de pares de palabras. Había pruebas de razonamiento, por ejemplo, una prueba con matrices como la que vimos en el capítulo 1, y una prueba consistente en completar series (por ejemplo, H-C-G-D-F-?). Algunas pruebas examinaban la visualización espacial, como averiguar qué aspecto tendrá una página tras desplegarla, si se le ha practicado un orificio estando doblada, y cuál de una serie de estructuras tridimensionales se corresponde con una figura bidimensional. Había pruebas de velocidad, como un test con claves similar al del capítulo 1, y una prueba en la que se mostraban pares de figuras y había que escribir S si ambas eran semejantes y D si eran diferentes. Algunas pruebas eran sobre conocimientos de vocabulario y consistían, por ejemplo, en definir el significado de ciertas palabras o elegir entre una lista de vocablos cuál significa lo contrario que un término dado. En total había tres pruebas para cada dominio cognitivo, excepto para el vocabulario, que constaba de cuatro.

Debo aclarar que cada participante realizó el test una sola vez. El estudio pretendía analizar la puntuación obtenida por personas de diferentes edades en las pruebas cognitivas. Esto se denomina estudio transversal. Observe la figura 7: en la parte inferior aparece la edad, desde los 20 años hasta la década de 1980; en el eje vertical de la gráfica consta la puntuación obtenida. Aquí se utiliza un tipo de puntuación estándar, donde 1 equivaldría a unos 15 puntos en una escala de CI como la que vimos en la figura 5. Dentro de la figura 7 se relacionan los dominios cognitivos analizados.

Consideremos la línea de la memoria de la figura 7, que es la formada por rombos blancos. Para cada edad se indica la puntuación promedio, cuyo valor se lee al enlazar la línea vertical de la edad con la línea horizontal hacia la izquierda hasta llegar a la puntuación correspondiente. La puntuación de una prueba a cada edad también porta un error estándar que se indica mediante las pequeñas líneas a modo de T situadas por encima y por debajo de los círculos, triángulos, cuadrados y rombos; como son pequeñas, indican que la medición aquí fue bastante precisa. Las puntuaciones de la memoria suelen ser más elevadas a edades tempranas, y más bajas, en promedio, a edades avanzadas. También se ve que la asociación con la edad no arroja una línea recta descendente desde los veinte años hasta los ochenta. La pendiente descendente desde los veinte años hasta finales de los cincuenta o los sesenta es bastante suave, sobre todo desde unos 35 hasta unos 60 años. La pendiente desde finales de los cincuenta o los sesenta hasta los ochenta es más pronunciada. Por término medio, las personas mayores obtienen peores resultados en las pruebas de memoria que las jóvenes, pero es posible que se produzca una caída más pronunciada de la puntuación promedio a partir de los 60 años. Los resultados en razonamiento y visualización espacial muestran un patrón similar. También presentan una tendencia general a la baja a partir de la primera edad adulta, y una pendiente descendente más pronunciada a partir de unos 60 años. Nótese la magnitud general de la caída de la puntuación promedio desde la edad más temprana hasta la más avanzada en estos tres tipos de pruebas. Es bastante grande, ya que asciende a alrededor de una unidad estándar y media. Si se tratara de una escala de CI, equivaldría a unos 20 puntos o más. Si aceptáramos que estos resultados representan cambios relacionados con el envejecimiento, podríamos concluir que las puntuaciones promedio en memoria, razonamiento y visualización espacial descienden un tanto desde la primera edad adulta hasta una mediana edad, y sufren un descenso más acusado desde entonces hasta la vejez.

Los otros dos tipos de pruebas (velocidad de procesamiento y conocimiento de vocabulario) presentan patrones de edad diferentes.

La velocidad de procesamiento se indica mediante triángulos negros en la figura 7. Las puntuaciones promedio descienden siguiendo una línea casi recta desde los 30 hasta los 80 años. La diferencia entre los 30 años y los 80 años vale unas dos unidades estándar, lo que equivale a unos 30 puntos en la escala de CI. Si aceptáramos que estos resultados indican cambios relacionados con el envejecimiento, llegaríamos a la conclusión de que la velocidad media de procesamiento cae de forma constante y considerable desde la primera edad adulta hasta una edad avanzada; las personas mayores piensan mucho más despacio por término medio que las jóvenes.

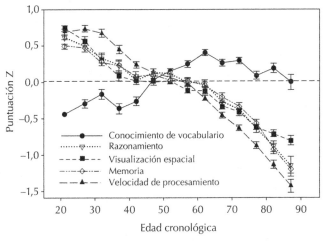

7. Puntuaciones medias en pruebas sobre diversos dominios cognitivos obtenidas por participantes de diferentes edades en los estudios sobre envejecimiento cognitivo del profesor Timothy Salthouse.

Aunque esto resulte desalentador, no todo son malas noticias. El conocimiento de vocabulario se indica con círculos negros en la figura 7. El patrón general es que las puntuaciones promedio suben a partir de la primera edad adulta y alcanzan su punto máximo en torno a los 60 años. Es un dominio que tiene su momento cumbre al final de la mediana edad y comienzos de la tercera edad. Obsérvese también que las puntuaciones con 80 años siguen siendo mejores que a comienzos de la edad adulta.

49

Otros estudios transversales de gran extensión revelan lo mismo que Salthouse, incluidos los test de Wechsler, con la buena noticia añadida de que algunas capacidades y conocimientos numéricos también se mantienen bastante bien a medida que se envejece. Los estudios longitudinales (en los que se somete a las mismas personas a reiteradas pruebas a medida que envejecen) arrojan resultados similares a los recién descritos, una vez que se tienen en cuenta los efectos de la familiaridad con las pruebas y la práctica.

Si nos preguntaran qué le pasa a la inteligencia por término medio a medida que se envejece, tendríamos que responder con una evasiva y decir: «Depende de qué dominios cognitivos se contemplen». Algunos aspectos de la función cognitiva presentan puntuaciones medias más bajas en las personas mayores, pero no todos. Este hallazgo relacionado con la edad, así como los efectos diferenciales de algunos daños neurológicos, quedan captados en una división crucial de la inteligencia en dos categorías: «fluida» y «cristalizada». Esta propuesta es original de Raymond Cattell y John Horn. La inteligencia fluida suele evaluarse usando materiales novedosos que requieren un pensamiento activo y, a menudo, bajo presión de tiempo. En promedio disminuye con la edad. La inteligencia cristalizada suele evaluarse con pruebas de conocimiento (vocabulario, conocimientos generales o algunas habilidades numéricas), y se basa más en preguntar lo que se sabe que en solicitar la resolución activa de algo en un tiempo determinado. Aunque la inteligencia fluida y la cristalizada son separables, también están correlacionadas: las personas con un nivel alto de una suelen tener un nivel alto de la otra.

Cuando la inteligencia se va, ¿se pierde por completo?

Acabamos de ver que los dominios cognitivos cambian con la edad. Ahora introduciremos la inteligencia general dentro del cuadro. En el capítulo 1 vimos que los dominios cognitivos están muy correlacionados. Así que ahora nos plantearemos lo siguiente: si se produce un declive relacionado con la edad en una capacidad cognitiva, ¿existe una tendencia a que se deterioren también todas las demás? Esto se suele expresar en términos más llanos así: «¿Se va todo a la vez [es decir, todos los diferentes dominios cognitivos] cuando hay pérdida de inteligencia?». Elliot Tucker-Drob dirigió un metaanálisis sobre este tema que él y sus colaboradores describieron como «cambios cognitivos acoplados», y lo explicó del siguiente modo: «Es fundamental saber si las diferencias individuales en los cambios longitudinales se interrelacionan a través de las diferentes capacidades cognitivas».

Tucker-Drob encontró veintidós conjuntos de datos individuales con un total de más de 30.000 participantes. Cada uno de estos conjuntos de datos procedía de participantes que habían realizado diversas pruebas cognitivas en múltiples ocasiones a medida que envejecían, desde dos hasta doce veces. El periodo medio de seguimiento era de unos diez años. Los participantes en estos estudios empezaron a someterse a las pruebas entre los 35 y los 85 años, con un promedio de 67 años. Las pruebas cognitivas realizadas guardaban relación con diferentes tipos de memoria, la velocidad de procesamiento, la capacidad espacial, el razonamiento y el conocimiento verbal. El declive medio fue el equivalente a unos

51

7 puntos y medio en la puntuación de un test de CI cada diez años.

El resultado que obtuvo Tucker-Drob fue que «en promedio, el 60 % de las diferencias individuales debidas al cambio cognitivo vinculado al envejecimiento es compartido entre todas las capacidades». Esto significa que el 60 % de las diferencias entre personas en cuanto a cambios relacionados con el envejecimiento en diversas pruebas cognitivas y dominios cognitivos se debe a cambios en la inteligencia general. Él explica que «este resultado relativamente elevado indica que los individuos que, por ejemplo, sufren una reducción brusca de la velocidad de procesamiento frente a sus compañeros, es probable que también decaigan, por ejemplo, en razonamiento y memoria episódica en comparación con sus compañeros». De modo que sí existe una tendencia considerable a que se vaya todo junto (la inteligencia general) cuando se produce alguna pérdida.

Tucker-Drob lanzó una advertencia clara: el hecho de que una proporción considerable de los cambios cognitivos (en general nos referimos siempre a descensos) en diferentes dominios cognitivos se pueda detectar a través de una sola dimensión general, no implica que haya una sola causa. Y también planteó que esta dimensión única del deterioro cognitivo podría tener una gran cantidad de causas sociales, biológicas y genéticas posiblemente independientes.

Sondeos mentales escoceses de 1932 y 1947

Ya hemos visto que, en promedio, las puntuaciones en la mayoría de los dominios cognitivos y en inteligencia general disminuyen con la edad. Ahora nos preguntaremos si todo el mundo sigue esa tendencia. ¿Difiere en distintas personas el grado en que cambia la inteligencia desde la juventud hasta una edad avanzada? Para responder esta pregunta no basta un estudio transversal, sino que necesitamos algo inusual, es decir, necesitamos las puntuaciones obtenidas en pruebas de inteligencia por las mismas personas durante un periodo prolongado de tiempo. Escocia nos ha brindado esta información en los Sondeos Mentales Escoceses de 1932 y 1947 y sus estudios de seguimiento. En otras partes de este libro emplearemos estos estudios para ilustrar otros aspectos de la investigación de la inteligencia, de modo que ahora me detendré a describirlos con cierto detalle.

El lunes 1 de junio de 1932 se sometió a un mismo test de inteligencia a casi todos los niños escolarizados en Escocia que habían nacido en 1921. Fue un estudio nacional masivo que no se ha repetido jamás en ningún otro país del mundo. Casi toda la población de entre 10 años y medio y 11 años y medio realizó el test en las mismas condiciones. La organización corrió a cargo del Consejo Escocés para la Investigación en Educación. El estudio se denominó Sondeo Mental Escocés de 1932. Los datos del sondeo se recopilaron para mejorar la atención educativa y para calcular el número de escolares con necesidades educativas especiales en los colegios. Los docentes se encargaron de efectuar las pruebas y de puntuarlas. El psicólogo educativo Godfrey Thomson, de la Universidad de Edimburgo, que era bastante conocido por entonces, diseñó y proporcionó el test. Él fue el creador de los Moray House Test utilizados en Reino Unido como pruebas de inteligencia «11-plus» (a partir de 11 años) con fines selectivos en diferentes tipos de enseñanzas secundarias. El test de inteligencia utilizado en el Sondeo Mental Escocés de 1932 era una versión del Moray House Test n.º 12 (figura 8). Un día de verano de 1932, 87.498 escolares usaron el intelecto durante 45 minutos para responder preguntas sobre palabras, frases, números, figuras, claves, instrucciones y otros ejercicios mentales diversos.

El miércoles 4 de junio de 1947, el Consejo Escocés para la Investigación en Educación realizó otro sondeo de inteligencia en el conjunto de la población. Casi todos los escolares de Escocia nacidos en 1936 se sometieron al Moray House Test nn.º 12, y este fue el Sondeo Mental Escocés de 1947, al cual se sometieron 70.805 escolares.

Hasta alrededor de la década de 1960, los sondeos mentales escoceses eran famosos por ser los únicos que habían analizado casi toda la población nacida en un año determinado. Con los datos estadísticos extraídos de ellos se publicaron varios libros académicos. Sin embargo, cuando los escolares de 11 años del sondeo de 1932 llegaron a una edad intermedia y avanzada, aquellos datos solo servían para criar polvo en varios desvanes y sótanos de Edimburgo. Los psicólogos interesados en el estudio de las diferencias de inteligencia entre personas casi habían olvidado los resultados de los sondeos mentales escoceses de 1932 y 1947.

Gracias a una serie de casualidades me enteré de la existencia de aquellos sondeos y me esforcé por encontrarlos junto con el profesor Lawrence Whalley, por entonces en la Universidad de Aberdeen. Su esposa, Patricia, localizó los datos del sondeo guardados en una caja bajo llave en los sótanos de lo que entonces eran las oficinas del Consejo Escocés para

THE SCOTTISH COUNCIL FOR
RESEARCH IN EDUCATION

1932
MENTAL SURVEY TEST

*SUITABLE FOR PUPILS OF
TEN AND ELEVEN YEARS OF AGE*

*MENTAL SURVEY TEST, 8 pp., 4d.
PRELIMINARY PRACTICE TEST, 2 pp., 1d.
INSTRUCTIONS FOR ADMINISTRATION,
8 pp., 4d.*

SPECIMEN SET - 9d., post free

UNIVERSITY OF LONDON PRESS Ltd.

WAR-TIME ADDRESS:
ST HUGH'S SCHOOL, BICKLEY, KENT

8. Portada del Moray House Test utilizado para el sondeo mental escocés de 1932.

la Investigación en Educación en la vía John Street de Edimburgo. Los datos del sondeo de 1932, de más de sesenta años de antigüedad, se conservaban en una serie de libros de asiento anotados con la pulcra caligrafía de docentes de los años treinta. Los datos del sondeo de 1947 también se encontraban allí registrados en hojas mecanografiadas encuadernadas en forma de libro. Cada región de Escocia disponía de su propio libro de asiento. Cada una de las escuelas de la región tenía su propio legajo dentro del libro. Y cada renglón de cada libro portaba el nombre de un alumno, su fecha de nacimiento y la puntuación obtenida en el Moray House Test n.º 12 de inteligencia general.

Mientras Lawrence y yo soplábamos sobre los libros de asiento para quitarles el polvo, y esto es literal, empezamos a entender lo valiosos que podían ser aquellos datos. En los últimos años, la población del mundo occidental había cambiado y había aumentado la proporción de personas mayores. Y resultó que uno de los factores que predicen una mayor calidad de vida en la tercera edad es evitar el deterioro cognitivo. Pero para averiguar si las personas conservan o no sus capacidades intelectuales hay que saber cómo eran esas funciones cognitivas cuando esas mismas personas eran jóvenes y estaban sanas. Aunque existían algunos estudios que efectuaban un seguimiento de personas a medida que envejecían, ninguno había conseguido relacionar la inteligencia durante la infancia con la inteligencia en una edad avanzada. Por tanto, ningún otro estudio se había planteado las diferencias en cuanto a cantidad de cambio relativo en las personas a lo largo de un periodo tan prolongado. Con la recuperación de los datos obtenidos con los sondeos mentales escoceses de 1932 y 1947, vimos la posibilidad de analizar cómo ha cambiado la inteligencia de cada individuo a lo largo de casi todo el curso de una vida humana. Sin embargo, para efectuar un estudio de este tipo había que encontrar a las mismas personas nacidas en 1932 y 1947, que en el presente tenían una edad avanzada.

En efecto, localizamos a algunos supervivientes que habían participado en los sondeos mentales escoceses. Nuestro primer objetivo consistió en averiguar la estabilidad de la inteligencia desde los 11 años hasta la vejez. Como a finales de los años 90 ya tenían una edad bastante avanzada, iniciamos nuestra investigación con las personas del primero de aquellos sondeos, el de 1932, es decir, con las nacidas en 1921. Intentamos localizar a algunas de las que seguían sanas publicando anuncios en los medios de comunicación. Nuestros investigadores contactaron con las personas buscadas a través de sus médicos de cabecera. Empezamos a pequeña escala en Aberdeen, creando las Cohortes de Nacimiento de Aberdeen de 1921 y 1936. Realizamos estudios más amplios en Edimburgo y creamos las Cohortes de Nacimiento de Lothian de 1921 y 1936. Alquilamos el Music Hall de Aberdeen durante la mañana del 1 de junio de 1998 y lo acondicionamos para usarlo como salón para efectuar las pruebas. Conseguimos una copia del Moray House Test n.º 12 original que se había utilizado en 1932, y lo reimprimimos. Hicimos pequeños cambios en dos preguntas para evitar anacronismos en la prueba. Justo 66 años después de realizar por primera vez aquella prueba, acudieron 63 personas dispuestas a repetir los ejercicios que habían visto por última vez siendo escolares (figura 9). Leí las instrucciones en voz alta de la misma manera que las habían leído sus docentes en

1932, y pusimos la misma limitación de tiempo de 45 minutos. En un encuentro celebrado varias semanas después, el número de participantes subió a 101.

Al final de aquella actividad disponíamos de las puntuaciones obtenidas en el mismo test de inteligencia por las mismas personas a los 11 y a los 77 años. ¿Cuánto se parecerían las puntuaciones relativas de las personas en aquel test a lo largo de un periodo tan prolongado de tiempo que abarca la mayor parte del transcurso de una vida humana? Aparte de ser interesantes, los resultados tienen una gran utilidad potencial: si hay personas con puntuaciones buenas en la vejez, podrían darnos algunas enseñanzas sobre cómo envejecer bien.

La figura 10 muestra los resultados obtenidos. Se trata de un «diagrama de dispersión», es decir, un diagrama con una dispersión de puntos, aunque en este caso son cruces. Cada cruz del diagrama representa al menos a una persona de las 101 recién mencionadas. Cada cruz es una combinación de las puntuaciones crudas obtenidas en el Moray House Test n.º 12 por una sola persona a los 11 años y a los 77 años. No son puntuaciones de CI. Son puntuaciones sobre 76, que es el valor más alto que se puede alcanzar en este test. La distancia de la cruz al eje vertical muestra la puntuación obtenida por una persona determinada la primera vez que realizó el test de inteligencia a los 11 años. La distancia de la cruz al eje horizontal indica la puntuación obtenida por esa misma persona la segunda vez que resolvió el test de inteligencia a la edad de 77 años. La línea diagonal del diagrama es la que tendrían que ocupar todas las cruces si las puntuaciones de los test fueran perfectamente estables a lo largo del tiempo; es decir, si cada persona hubiera tenido

9. Fotografía de las personas que participaron en el Sondeo Mental Escocés de 1932 y que acudieron 66 años después a realizar la misma prueba que habían realizado con 11 años de edad el 1 de junio de 1932. El salón era el Music Hall de Aberdeen y la fecha del encuentro fue el 1 de junio de 1998.

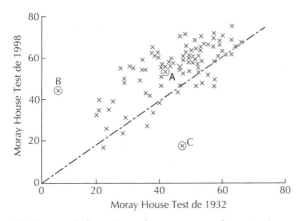

10. Diagrama de dispersión en el que se comparan las puntuaciones obtenidas por las mismas personas en el Moray House Test en 1932 (a los 11 años de edad) y en 1998 (a los 77 años). Algunas cruces representan a más de una persona.

la misma puntuación la primera y la segunda vez que realizó el test, entonces todas las cruces caerían sobre esa línea diagonal.

Pero no todas las cruces caen sobre esa línea. Algunas se desvían del patrón de estabilidad perfecta de dos maneras. En primer lugar, la mayoría de las cruces cae por encima de la línea diagonal. Eso significa que la mayoría de las personas obtuvo una puntuación mejor la segunda vez que realizó la prueba: en promedio, el grupo mejoró con el tiempo. Por término medio, los participantes hicieron algo mejor el Moray House Test n.º 12 a los 77 años que a los 11 años. Sin embargo, esta no es la parte más interesante de los resultados.

En segundo lugar, hay un patrón global de cruces que discurre desde la parte inferior izquierda del gráfico hasta la parte superior derecha. Apenas hay cruces en la parte superior izquierda ni en la parte inferior derecha de la gráfica. Pero hay cierta dispersión, de modo que la correlación no es perfecta. Algunas personas superan su primera puntuación y otras la empeoran un poco, pero persiste una tendencia bastante grande a que las personas que hicieron el test bastante bien la primera vez lo hicieran bastante bien en la segunda prueba. Este es un descubrimiento importante: en términos generales, las personas que obtuvieron buenos resultados en este test de inteligencia en 1932 también tendieron a hacerlo bien en 1998. Las que obtuvieron peores resultados en la infancia tendieron a quedarse cerca de la parte inferior. La mayoría de las personas cae a lo largo de una línea que indica la coherencia general de las puntuaciones. La correlación entre las puntuaciones a los 11 años y a los 77 años fue de 0,63, que es un valor elevado.

Un detalle técnico añadido es que las personas que volvieron a realizar el test en 1998 no eran completamente representativas de toda la población. Por término medio, obtuvieron mejores puntuaciones en el test de inteligencia que el conjunto de la población, y no arrojaron un abanico tan amplio de puntuaciones. Esta reducción del rango de puntuaciones hace que la correlación adopte un valor inferior al verdadero, y parece que 0,7 podría ser un valor más realista que 0,6 para la asociación entre las puntuaciones obtenidas a lo largo de 66 años.

Es interesante ver cómo han cambiado algunos individuos desde la infancia hasta la vejez. En la figura 10 hay cruces marcadas con las letras A, B y C. La persona A tiene una puntuación cercana al promedio tanto a los 11 años de edad como a los 77. B y C son dos personas que revelan un cambio enorme entre 1932 y 1998. La persona B obtuvo una puntuación promedio en 1998, pero una puntuación baja cuando realizó la prueba en el colegio 66 años antes. Por tanto, mejoró mucho desde la infancia hasta la vejez. La persona C tuvo una puntuación intermedia en 1932, pero sacó la puntuación más baja cuando la examinamos en 1998, lo que supone una reducción drástica de su rendimiento relativo. Por desgracia, más tarde descubrimos que la persona C de la figura 10 atravesaba las primeras fases de la enfermedad de Alzheimer.

Desde entonces hemos repetido el experimento sobre asociación de la inteligencia a lo largo de la vida con otros estudios de seguimiento de los Sondeos Mentales Escoceses. La correlación ascendió a 0,66 en 485 personas de la Cohorte de Nacimiento de Lothian de 1921 que realizaron el Moray House Test a los 11 años y a los 79 años. Cuando la Cohorte de Nacimiento de Lothian de 1921 cumplió los 90 años, estas personas volvieron a realizar el Moray House Test n.º 12; la correlación entre las puntuaciones del test de inteligencia a los 11 y a los 90 años fue de 0,51. En 1.017 participantes de la Cohorte de Nacimiento de Lothian de 1936, la correlación entre la puntuación del Moray House Test a los 11 años y a los 70 ascendió a 0,67. En general, pues, tenemos una asociación grande y replicada con solidez entre la inteligencia en la infancia y en la vejez que no dista mucho de 0,7.

Para explicar lo que significan estos resultados, pensemos lo siguiente: una correlación de un 0,7 significa que alrededor del 50 % de las diferencias cognitivas durante la vejez se explican por los resultados obtenidos en las pruebas a los 11 años. Desde el punto de vista técnico, la proporción de varianza compartida en ambas edades se obtiene elevando al cuadrado la correlación. Por tanto, hay una gran estabilidad en el orden de clasificación obtenido con las puntuaciones de las pruebas de inteligencia por las mismas personas en la infancia y la vejez. Sin embargo, aún falta por considerar el otro 50 %. Esto significa que en torno a la mitad de las diferencias en las puntuaciones obtenidas por distintas personas en la vejez no resulta de la capacidad cognitiva que se tenía en la infancia. En la vejez, cada individuo sube o baja un poco su puntuación cognitiva de la infancia. Uno de los principales objetivos de mi equipo de investigación consiste en detectar las fuentes probables de esa mitad de la variación cognitiva entre personas que aparece en la vejez y que no existía en la niñez. Una parte de ello se deberá a errores de medición, porque no es posible medir con exactitud la inteligencia ni en la infancia ni a una edad madura. Sin embargo, el hecho de que el 50 % de las diferencias de inteligencia entre personas mayores no existiera en su infancia significa que hay que buscar las causas de esa porción de las diferencias que no se explica a partir de la inteligencia que se tenía en la infancia. ¿Hay algún factor relacionado con el estilo de vida, la asistencia médica recibida, la genética u otras circunstancias que favorezcan que un cerebro gestione mejor que otros el paso por la vida adulta? Veamos de nuevo la figura 10 y consideremos, por ejemplo, las puntuaciones situadas en el valor 40 del eje horizontal. Ahora nos desplazaremos desde ahí hacia arriba en vertical. El conjunto de las personas que obtuvo en torno a 40 puntos en la niñez presenta cierta diversidad de puntuaciones en la vejez. Una de las principales tareas de los investigadores actuales es averiguar por qué quienes tienen una puntuación determinada en la infancia logran puntuaciones mejores o peores que otras personas a una edad avanzada.

La pregunta de si difiere en distintas personas el grado en que cambia la inteligencia desde la juventud hasta una edad avanzada tiene por respuesta un sí, pero, además, queremos saber por qué.

Prevenir una parte del deterioro cognitivo asociado a la edad

Ahora nos preguntaremos por qué la inteligencia de algunas personas envejece mejor que la de otras. En este caso es preferible no usar un único conjunto de datos. Son muchos los factores capaces de inducir un deterioro cognitivo más acusado a medida que se cumplen años; otros pueden servir para prevenirlo. No hay estudios únicos capaces de abarcar una cantidad suficiente de estos factores. Además, la mayoría de los estudios son observacionales: correlacionan un factor de riesgo o de prevención potencial con la función cognitiva en la vejez o con la variación cognitiva en la vejez. Sin embargo, estas observaciones no suelen traducirse en información causal. Un tipo de estudio más eficaz es el ensayo controlado aleatorio, que consiste en asignar al azar a cada persona un tratamiento, otro distinto o ninguno. Por ejemplo, si creemos que el ejercicio físico ayuda a que las funciones cognitivas se deterioren menos con la edad, entonces se somete a algunas personas a un programa de ejercicio físico y a otras no. No son muchos los estudios de este tipo y no pueden aplicarse en todas las intervenciones. Por ejemplo, si creemos que el tabaquismo es perjudicial para el envejecimiento cognitivo, no se organizará un ensayo en el que se obligue a fumar a algunas personas escogidas al azar.

Los estudios observacionales implican otro problema que recibe el nombre de confusión. Para ilustrarlo, tomaremos un ejemplo de la Cohorte de Nacimiento de Lothian de 1936 del que informó mi compañera Janie Corley. En un estudio realizado con personas de 70 años, preguntamos a los participantes cuánto alcohol bebían y de qué tipo. Eran personas que bebían con moderación, no en exceso, y calculamos el número medio de unidades normalizadas de alcohol que consumían cada día. Descubrimos que quienes bebían más alcohol tendían a sacar mejores puntuaciones en inteligencia general, velocidad de procesamiento y memoria. Eran asociaciones pequeñas pero estadísticamente significativas y consistentes, y se daban tanto en hombres como en mujeres. Cuando presento estos resultados ante auditorios científicos y legos, la gente tiende a celebrarlo. Pero es una alegría precipitada. Olvidan que la Cohorte de Nacimiento de Lothian de 1936 contiene puntuaciones de un test de inteligencia obtenidas por niños de 11 años. ¿Qué ocurre si se ajustan estas asociaciones entre el consumo de alcohol y la función cognitiva a los 70 años con las puntuaciones de CI obtenidas a los 11 años? Es decir, qué sucede si, en realidad, formulamos la pregunta de este modo: ¿hay alguna asociación entre el consumo de alcohol y la variación cognitiva que se produce entre la infancia y los 70 años? La respuesta es que gran parte de los resultados desaparece. La razón de la ligera asociación entre beber más alcohol y una inteligencia mayor a los 70 años no parece radicar en que el alcohol mantenga a las personas con lucidez mental. Más bien da la impresión de que las personas que durante la infancia son más inteligentes, también parecen serlo a los 70 años y, además, suelen consumir algo más de alcohol (una cantidad adicional moderada). Nos encontramos ante un factor de confusión, es decir, la asociación contemporánea entre el consumo de alcohol y la inteligencia a los 70 años es confusa debido a las puntuaciones obtenidas en las pruebas de inteligencia a los 11 años. En el caso de los hombres, los que no consumían alcohol a la edad de 70 años tenían un cociente intelectual medio en la infancia de 96; el cociente intelectual a la edad de 11 años de los que bebían muy poco era de 98; y el cociente intelectual a los 11 años de los bebedores moderados ascendía a 104. Había una pequeña correlación positiva (0,19) entre la puntuación en el test de inteligencia a los 11 años y la cantidad de alcohol consumido a los 70 años. La correlación era más grande entre la inteligencia a los 11 años y la cantidad de vino tinto bebido con 70 años (0,25). Otro resultado era que las personas con trabajos más profesionalizados solían consumir más alcohol en general (correlación = 0,16) y, dentro de este grupo, más vino tinto (correlación = 0,29). La asociación entre un consumo mayor de alcohol y la inteligencia a los 70 años podría tener, por tanto, una explicación basada en la historia vital o el estilo de vida de cada participante. Es decir, es posible que los niños más brillantes acabaran formándose más y, a su vez, teniendo trabajos más profesionalizados, y puede que todo ello los llevara en parte a tener un estilo de vida que incluye un consumo moderado y habitual de alcohol, sobre todo vino tinto (y tal vez *gin-tonics*, sospecho yo).

Retomemos ahora la pregunta de antes: ¿por qué la inteligencia de algunas personas envejece mejor que la de otras? Brenda Plassman acometió un análisis sistemático de este asunto. Su equipo buscó estudios observacionales y de intervención destinados a detectar factores de riesgo para el deterioro cognitivo acelerado o factores protectores para prevenirlo. No fue un metaanálisis porque no eran estudios lo bastante similares como para permitir un análisis conjunto de los resultados. Encontró 127 estudios observacionales, 22 ensayos controlados aleatorizados y 16 revisiones sistemáticas previas. Los resultados cognitivos empleados en los estudios comprendían desde el factor de inteligencia general que vimos en el capítulo 1 (compuesto a partir de varias pruebas diversas) hasta estimaciones individuales y bastante crudas de la función cognitiva. Los resultados no son fáciles de resumir, pero no por culpa de Plassman y su equipo, sino porque la investigación es escasa.

A partir de estudios observacionales, Plassman encontró signos de que las personas portadoras de una versión determinada (el alelo e4) del gen de la apolipoproteína E en el cromosoma 19 (en torno a una cuarta parte de la población) suelen sufrir un deterioro cognitivo algo más acusado en la vejez. Esta variante genética es un factor de riesgo para padecer demencia, y parece ser un factor de riesgo para sufrir un envejecimiento cognitivo ligeramente más pronunciado también en las personas que no padecen demencia. También descubrió que el tabaquismo, la depresión y la diabetes son factores potenciales de riesgo para un envejecimiento cognitivo más acusado. Los factores que han demostrado ofrecer cierta protección frente a un deterioro cognitivo abrupto incluyen seguir la dieta mediterránea, comer más vegetales, desempeñar trabajos más profesionalizados y realizar ciertas actividades de recreo.

En cuanto a los factores que habían sido objeto de estudios observacionales y de ensayos controlados aleatorizados, se detectaron ciertos indicios de que más actividad física y más actividad mental pueden ofrecer cierta protección frente a un deterioro cognitivo más acusado.

El estudio del envejecimiento cognitivo es uno de los más interesantes y apasionantes en el campo de la inteligencia humana. Pero también es uno de los más importantes, puesto que está aumentando la proporción de personas mayores dentro de la población general porque las personas vivimos más tiempo.

3
¿Hay diferencias de inteligencia entre sexos?

Me cuesta dar una buena razón científica para formular esta pregunta. Sé que interesa a mucha gente. Sé que es controvertida. Mi punto de partida para analizar cualquier estudio sobre diferencias de inteligencia entre sexos sería: ¿hay grupos de población con una representación equitativa de hombres y mujeres? Me parece probable que casi cualquier estudio sobre la inteligencia media de los hombres frente a la de las mujeres se verá frustrado por el hecho de que un sexo estará más representado que el otro. Por ejemplo, es posible que las mujeres sean más propensas a participar en estudios. La representación equitativa de hombres y mujeres en un estudio podría parecer casi imposible, a menos que se trate de un estudio en el que participe toda la población.

El Sondeo Mental Escocés de 1932

En el capítulo 2 describí en qué consistió este sondeo. Recordemos que todos los participantes habían nacido en 1921, y que el estudio analizó a casi toda la población escocesa nacida ese año. Así que nosotros empleamos todos los datos obtenidos por ese sondeo en un informe sobre las diferencias de inteligencia entre hombres y mujeres.

Reflexionemos en primer lugar sobre los test de inteligencia. El test de inteligencia en el que se basó aquel sondeo fue el Moray House Test n.º 12. Se emplearon otras dos pruebas, aunque eran no verbales, es decir, no requerían el empleo de palabras para que pudieran realizarlas escolares que apenas sabían leer o escribir. En el «Primer test gráfico» había una clave que relacionaba representaciones lineales de cinco objetos cotidianos con los números 1 al 5. Los niños debían utilizar esa clave para anotar el número correcto debajo de 40 de esos objetos en una página. Había que completar la máxima cantidad posible en un minuto. La mayoría de los escolares obtuvo la máxima puntuación. El «Segundo test gráfico» contenía dos ítems de prueba y siete ítems puntuables. Cada ítem contenía tres dibujos lineales a la izquierda y cinco elementos a la derecha situados en fila. Uno de los ítems de prueba tenía una campanilla de invierno, narcisos y flores de azafrán a la izquierda. A la derecha había una botella, una taza, una rosa, un pincel y unas tijeras. Los participantes debían seleccionar entre los cinco objetos de la derecha, «el que más se pareciera a los tres primeros». Disponían de dos minutos para completar los siete ítems que conformaban la prueba. Era una prueba fácil, y la mayoría de los escolares obtuvo la máxima puntuación. Sumamos las puntuaciones obtenidas por cada participante en las tres pruebas, es decir, en el Moray House Test n.º 12, en el Primer test gráfico y en el Segundo test gráfico, y convertimos las puntuaciones en una escala de CI estandarizada con una media de 100 y una desviación estándar de 15.

En segundo lugar, puesto que era importante acercarse lo máximo posible a toda la población de los nacidos en 1921, nos vimos obligados a plantearnos cuánto nos habíamos acercado a ese objetivo. En el Sondeo Mental Escocés de 1932 participaron 87.498 escolares, pero faltan los libros de asiento de los condados de Fife, Wigtown y Angus. Esto no sesgará la representatividad por sexos del resto de los territorios. El conjunto de datos disponible incluía a 86.520 escolares. De ellos, 79.376 (39.343 niñas y 40.033 niños) obtuvieron puntuación en las tres pruebas de inteligencia y sacaron una calificación superior a cero en las dos pruebas gráficas. Recordemos que el Sondeo Mental Escocés de 1932 evaluó a alrededor del 95 % de la población nacida en 1921 que seguía viva. Los datos utilizados en nuestro estudio abarcan en torno al 91 % de ese 95 %, es decir, estudiamos a alrededor del 86 % de toda la población nacida en un año concreto.

Fue lo más cercano al estudio de toda una población completa con un test de inteligencia. Esta muestra, formada por casi 40.000 niños y niñas, tenía una gran sensibilidad (o poder, para aquellas personas aficionadas a la estadística) para detectar hasta una mínima diferencia de inteligencia media entre sexos. En Escocia, casi todos los niños y niñas cursan la enseñanza primaria a los 11 años, y a esta edad no existe ninguna especialización de asignaturas.

Ahora recomiendo echar una ojeada rápida a la figura 5 para refrescar qué son la media y la desviación estándar. Al comparar niñas y niños podemos preguntarnos si las medias son iguales, es decir, si un grupo tiene una puntuación media más alta que el otro en el test de inteligencia. También podemos plantearnos si las desviaciones estándar son iguales. Si miramos la figura 5, esto equivaldría a plantearnos si la curva de distribución con forma de campana de un grupo es más estrecha o más ancha que la del otro. Una curva más estrecha indicaría que hay más puntuaciones cerca de la media y menos en los extremos. Una curva de campana más ancha indicaría menos puntuaciones en la media y más en los extremos.

Incluso con un número tan amplio de niños y niñas, no encontramos diferencias significativas en su puntuación cognitiva media. La puntuación media de CI ascendió a 100,64 en las niñas y a 100,48 en los niños. Las mujeres y los hombres se revelan igual de inteligentes en esa población casi total.

Pero entonces se produjo un giro. Nos dimos cuenta de que las puntuaciones de los niños y de las niñas no estaban repartidas por igual. Las medias eran equivalentes, pero la desviación estándar de los niños ascendía a 14,9 y la de las chicas solo llegaba a 14,1. Es una diferencia estadísticamente significativa. Las puntuaciones de las niñas estaban más concentradas en torno a las puntuaciones medias. En proporción, había más niños en los extremos. Examinemos con más atención esta diferencia entre sexos en la dispersión de las puntuaciones de CI.

La gráfica 11 muestra la dispersión de las puntuaciones de los niños y las niñas en las pruebas de inteligencia. Para ilustrar esto he reunido a niños y niñas en grupos basados en el CI. Los grupos con cada CI se indican en la parte inferior de la figura. El extremo más bajo incluía al grupo de individuos que habían obtenido una puntuación de CI mayor que 50 pero por debajo de 60. En el extremo más alto se situaba un grupo con una puntuación de CI mayor que 130 y por debajo de 140. Cada grupo de las divisiones intermedias tenía 5 puntos de CI más que el anterior, es decir, de 60 a menos de 65, de 65 a menos de 70, y así sucesivamente hasta llegar a 125 y menos de 130. Tal como cabría esperar de la conocida distribución en forma de campana de la inteligencia, hay muchas más personas con puntuaciones en torno a la media que en los extremos más alto y más bajo. Esos son los números que figuran junto a cada círculo. Después calculamos cuántos niños y niñas hay en cada grupo de CI. Observe los grupos de la figura 11 que tienen una puntuación media, entre 90 y 110. Nótese que hay una gran cantidad de niñas y niños junto a cada círculo blanco o negro. Aquí, los niños representan menos de la mitad de la población en ese nivel de inteligencia (48,7 %), mientras que las niñas exceden esa cantidad. La diferencia (la brecha de género) es un porcentaje muy pequeño. Consideremos ahora los extremos. Obsérvese que hay un número menor de niños y niñas junto a los círculos blancos y negros; esto es lo esperable en las puntuaciones extremas siguiendo la distribución de curva de campana. En el grupo con la puntuación más baja, por debajo de 60, hay un 58,6 % de niños, y la diferencia de género asciende al 17,2 %. En el grupo con la puntuación más alta, entre 130 y menos de 140, hay un 57,7 % de niños, y la diferencia de género asciende al 15,4 %.

En este enorme conjunto de datos de una población casi completa no hay ninguna diferencia en cuanto a la inteligencia media de hombres y mujeres a los 11 años. Sin embargo, se observan diferencias entre ambos sexos en cuanto a la dispersión de las puntuaciones de CI. Hay más niñas con puntuaciones en torno a la media. La distribución de las puntuaciones de CI de los niños es más extrema, ya que su proporción es mayor en las franjas de inteligencia más bajas y más altas.

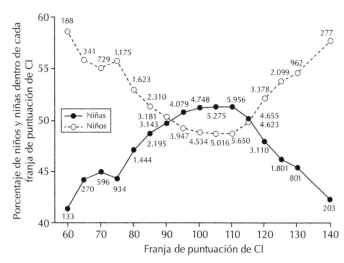

11. Cantidad (junto a cada círculo) y porcentaje (en el eje de la izquierda) de niñas y niños que caen dentro de cada franja de puntuación de CI. Esta es casi toda la población escocesa nacida en 1921 que estaba escolarizada el 1 de junio de 1932, que es la que participó en el Sondeo Mental Escocés de 1932. Nótese el ligero exceso de niñas en las puntuaciones intermedias, y el ligero exceso de niños en las puntuaciones más bajas y más altas.

Un único conjunto de datos no basta para confirmar una hipótesis, lo que permite plantear las siguientes preguntas. Estos datos son de hace mucho tiempo: ¿se obtiene el mismo resultado en estudios más recientes? Son datos de escolares de 11 años: ¿se obtiene el mismo resultado después de la adolescencia? Son datos extraídos de un test de inteligencia general: ¿se obtiene el mismo resultado al analizar capacidades intelectuales específicas? A continuación responderemos estas preguntas.

El Sondeo Longitudinal Nacional sobre Juventud de 1979

Utilizamos esta muestra para observar las diferencias en cuanto a inteligencia general entre hombres y mujeres en épocas más recientes, y en la mayoría de los adultos jóvenes postadolescentes. Por tanto, esta muestra aborda dos cuestiones que planteé al final del apartado dedicado al estudio basado en el Sondeo Mental Escocés de 1932. El Sondeo Longitudinal Nacional sobre Juventud de 1979 está centrado en Estados Unidos, y pone estos datos a disposición de los investigadores de todo el mundo.

Las personas que participaron en este estudio tenían entre 14 y 22 años de edad el 1 de enero de 1979. La muestra estaba formada por 12.686 personas y se diseñó para que fuera lo más representativa posible de la juventud no institucionalizada de EE. UU. Nosotros no nos centramos en que las muestras de hombres y mujeres jóvenes eran representativas de la población estadounidense. Descubrimos que en ella había muchos hermanos y pensamos que sería buena idea seleccionar a hermanos de sexos opuestos para analizar las diferencias de inteligencia entre sexos. Esto permitiría controlar muchas cuestiones que, de otro modo, podrían sesgar las muestras de hombres y mujeres. Por ejemplo, la selección de hermanos de sexos opuestos ofrece los mismos antecedentes familiares y, en cierta medida, los mismos factores genéticos. En el conjunto de datos del Sondeo Longitudinal Nacional sobre Juventud de 1979 encontramos 1.292 parejas de hermanos con una edad media parecida: las mujeres tenían 18,4 años (desviación estándar de 2,1) y los hombres 18,4 años (desviación estándar de 2,1).

Como parte del estudio, los participantes realizaron un test de inteligencia llamado Armed Services Vocational Aptitude Battery («Test de Aptitud Profesional para las Fuerzas Armadas») que consiste en diez subpruebas: ciencias, aritmética, vocabulario, comprensión lectora, operaciones numéricas, velocidad de codificación, información sobre automoción y talleres, conocimientos matemáticos, comprensión mecánica e información electrónica. Para cada persona calculamos una puntuación en inteligencia general basada en esas diez subpruebas. Vimos que varias de las pruebas son de carácter práctico, así que comprobamos los resultados creando una puntuación en inteligencia general tan solo a partir de las cuatro pruebas menos orientadas a lo profesional, es decir, aritmética, vocabulario, comprensión lectora y conocimientos matemáticos. Esta combinación más reducida se denomina Pruebas de Aptitud para las Fuerzas Armadas. Las mujeres obtuvieron mejores resultados en algunas subpruebas, y los hombres en otras. Sin embargo, nuestro objetivo principal consistió en analizar las diferencias entre hermanos y hermanas en cuanto a inteligencia general.

Hubo ventajas significativas, aunque muy pequeñas, en las puntuaciones medias de los hombres en la estimación de la inteligencia general tanto del Test de Aptitud Profesional para las Fuerzas Armadas, más amplia, como de las Pruebas de Aptitud para las Fuerzas Armadas, más reducida. La diferencia ascendió a menos de la quinceava parte de una desviación estándar, es decir, menos de un punto de CI. Creo que es una cantidad insignificante.

Una diferencia más llamativa fue la dispersión de las puntuaciones. Las puntuaciones de los hombres estaban más repartidas que las de las mujeres. La relación entre las desviaciones estándar de los hombres y de las mujeres era de 1,16 para el Test de Aptitud Profesional para las Fuerzas Armadas, y de 1,11 para las Pruebas de Aptitud para las Fuerzas Armadas. En consonancia con los resultados de los niños de 11 años del Sondeo Mental Escocés de 1932, estos jóvenes adultos estadounidenses nacidos en tiempos más recientes mostraban el mismo patrón: los hombres abundaban más que las mujeres en los extremos inferior y superior de las puntuaciones del test de inteligencia, aunque las medias eran similares. Observamos las 50 puntuaciones más altas en las Pruebas de Aptitud para las Fuerzas Armadas, que viene a ser el 2 % de los resultados más altos de esta muestra: 33 eran hombres y 17 eran mujeres.

Muestra del Cognitive Abilities Test 3 (o CAT3)

Volvamos ahora a Reino Unido. Esta es otra muestra más actual que también analizamos y que podía revelarnos algo sobre los distintos dominios cognitivos y sobre la inteligencia general.

Este conjunto de datos procede de pruebas realizadas en colegios de Reino Unido entre septiembre de 2001 y agosto de 2003. Se trata de un conjunto de datos masivo que es representativo de los escolares de Reino Unido de entre 11 y 12 años. Durante ese periodo, más de medio millón de escolares realizó la tercera edición del Cognitive Abilities Test («Test de Capacidades Cognitivas 3» o CAT3). La mayoría de los participantes respondió la versión del test del nivel D, destinado a alumnado de entre 11 y 12 años de edad en el primer curso de la enseñanza secundaria. La edad media de los niños y niñas ascendía a 11 años y 7 meses (desviación estándar de 4,4 meses). El tamaño de la muestra era de 324.000 estudiantes de 1.305 centros de enseñanza; esto supone alrededor de la mitad de todos los habitantes de Reino Unido en esa franja de edad. La muestra del CAT3 era muy similar a la de todos los centros de enseñanza de Reino Unido en cuanto a las proporciones de niños y niñas, con independencia de que se compare con centros seleccionados por pruebas de conocimiento, por la proporción de alumnado con derecho a comedor escolar gratuito, o por la proporción de alumnado perteneciente a grupos étnicos minoritarios y que tuvieran el inglés como segundo idioma.

La batería de test cognitivos del CAT3 consta de nueve pruebas. Cada uno de los dominios cognitivos consiste en tres pruebas: razonamiento verbal, razonamiento cuantitativo y razonamiento no verbal. La puntuación media de los tres dominios da una puntuación para la inteligencia general. Como aquí nos centramos en las diferencias entre hombres y mujeres en los dominios cognitivos, así como en la inteligencia general, es importante saber qué pruebas cognitivas conforman cada dominio. He aquí algunos ejemplos de ítems, tal y como se describen en el artículo de Steve Strand.

La batería de test sobre razonamiento verbal contiene pruebas de:

clasificación verbal, por ejemplo: «Dadas tres palabras pertenecientes a una clase, seleccione qué
otra palabra de una lista de cinco pertenece a
esa misma clase (por ejemplo, ojo, oído, boca:
nariz, olor, cabeza, niño, hablar)»;

completar oraciones, por ejemplo: «Seleccione
una palabra de una lista de cinco (por ejemplo,
a Juan le gusta ___ un partido de fútbol: comer,
ayudar, mirar, leer, hablar)»;

y analogías verbales, por ejemplo: «A partir de un
par de palabras dadas, complete un segundo
par de entre cinco posibilidades (por ejemplo,
grande → extenso; pequeño → ?: niño, reduci-
do, tarde, alegre, más)».

La batería de razonamiento cuantitativo contiene pruebas de:

analogías numéricas, como: «Determine la relación
que existe entre los números de dos pares de
ejemplos, y decida cuál de las cinco opciones
completaría del mismo modo un tercer par
(por ejemplo, [9 → 3] [12 → 4] [27 → ?]: 5, 9,
13, 19, 21)»;

series numéricas, por ejemplo: «Seleccione una de
las cinco opciones posibles para completar la serie (por ejemplo, 2, 4, 6, 8, → ?: 9, 10, 11, 12, 13)»;

y la construcción de ecuaciones, por ejemplo: «Seleccione entre las opciones que se dan la respuesta que puede calcularse combinando todos
los elementos dados para crear una ecuación
válida (por ejemplo, 2 2 3 +×: 6, 8, 9, 10, 11)».
Cada elemento solo puede utilizarse una vez, y
solo hay una respuesta correcta.

La batería de razonamiento no verbal contiene pruebas de:

clasificación de figuras, por ejemplo: «Dadas tres figuras pertenecientes a una clase, seleccione qué otra forma de entre cinco alternativas pertenece a esa misma clase»;

analogías entre figuras, por ejemplo: «Dada una pareja de figuras, complete un segundo par de entre cinco posibilidades»;

y análisis de figuras, por ejemplo: «Un trozo de papel se dobla y se le practican varios orificios. ¿Qué aspecto tendrá el papel al desdoblarlo?».

En primer lugar, consideremos las diferencias en cuanto a puntuaciones medias entre niños y niñas. Dado que el tamaño de la muestra es tan enorme –alrededor de un tercio de millón de estudiantes–, casi cualquier pequeña diferencia será estadísticamente significativa. De hecho, las diferencias entre niños y niñas fueron significativas en los tres dominios cognitivos y en la puntuación general del CAT3. Las niñas obtuvieron resultados mejores que los niños en un valor igual a 0,15 unidades de desviación estándar en capacidad verbal, lo que equivale a algo más de 2 puntos de CI. Los niños obtuvieron resultados mejores que las niñas en razonamiento cuantitativo en un valor igual a 0,03 unidades de desviación estándar, lo que se traduce en menos de medio punto de CI. Las niñas tuvieron mejores resultados que los niños en razonamiento no verbal, en una proporción casi idéntica. La puntuación media global de las niñas en el CAT3 fue 0,05 unidades de desviación estándar más elevada que la de los niños, lo que equivale a unas tres cuartas partes de punto de CI. De modo que, en general, hay algunas pequeñas diferencias en las puntuaciones a favor sobre todo de las niñas.

También analizamos la dispersión de las puntuaciones. Las desviaciones estándar de los niños eran mayores en los tres dominios cognitivos y en la puntuación global del CAT3 (es decir, la inteligencia general). En razonamiento verbal, la desviación estándar de las niñas fue de 14,5 y la de los niños, de 15,1. En razonamiento cuantitativo, los valores fueron de 13,8 frente a 15,0, y en razonamiento no verbal de 13,9 frente a 14,8. En la puntuación global del CAT3 –inteligencia general–, la desviación estándar de los niños fue de 13,5, frente al 12,7 de las niñas. En la figura 12 utilizamos el mismo tipo de diagrama que empleamos en la figura 11. Aquí, las puntuaciones del CAT se han dividido en nueve grupos denominados *eneatipos* (puntuaciones estándar de nueve). Hay números mucho mayores, en general, en los grupos intermedios que en los de los extremos. Obsérvese en primer lugar la gráfica inferior derecha, que representa la puntuación global en el CAT3. Igual que ocurrió con el conjunto de datos del Sondeo Mental Escocés de 1932, en esta gran muestra mucho más reciente de escolares de la misma edad aproximada encontramos un patrón similar. Es decir, hay una proporción mayor de niñas que de niños hacia el centro, donde caen las puntuaciones medias. Hay una proporción mayor de niños en las puntuaciones extremas. Sin embargo, no parece haber simetría: hay más niños que niñas en los dos eneatipos superiores y en los tres inferiores. El razonamiento no verbal presenta un aspecto similar. En razonamiento cuantitativo, hay más niños que niñas en los tres primeros eneatipos y en los dos últimos. El

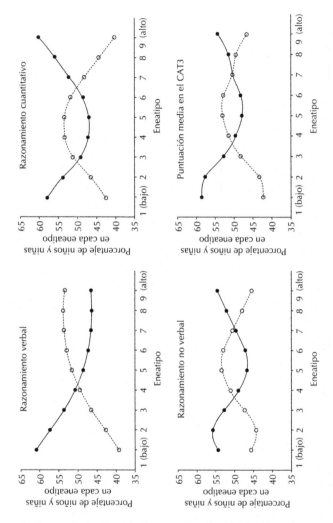

12. Porcentaje de niños (círculos negros) y niñas (círculos blancos) que caen dentro de cada puntuación estándar de nueve (eneatipo) del CAT3. La gráfica inferior derecha se corresponde con la media de las otras tres puntuaciones y es la capacidad mental general (g).

razonamiento verbal sigue un patrón diferente: hay más niñas en los cinco primeros eneatipos y menos en los inferiores. En razonamiento verbal, por tanto, las niñas obtienen mejores resultados en general, y en este caso no hay ninguna tendencia a que haya más niños en las puntuaciones extremas más elevadas.

Lo que hemos averiguado a partir de estos tres estudios es que hay pocos signos de que exista alguna diferencia en promedio en cuanto a inteligencia entre niños y niñas, o entre hombres y mujeres adultos jóvenes. Sin embargo, si nos centramos solo en los valores medios, se observa que hay una diferencia interesante. En cuanto a inteligencia general, hay un número ligeramente mayor de mujeres que de hombres en torno a las puntuaciones medias en estas muestras, y un número proporcionalmente mayor de hombres que de mujeres en los extremos superior e inferior. Esto se observa en estudios de hace décadas y en otros más recientes, así como en diferentes test realizados tanto en EE. UU. como en Reino Unido. Dentro de cada dominio cognitivo, se obtuvo un patrón diferente en razonamiento verbal: hubo más niñas en las puntuaciones más altas.

Como conclusión final, las pequeñas diferencias que hemos visto aquí en las desviaciones estándar de las puntuaciones en test de inteligencia no deben considerarse suficientes para explicar la sobrerrepresentación masculina o femenina en determinadas profesiones, ya que cada caso debería estudiarse y comprobarse de manera específica. Por otra parte, en el capítulo 7 veremos que las mujeres poseen algún ingrediente que transforma el mismo nivel de inteligencia en mejores calificaciones académicas.

4

¿Cómo influyen el entorno y los genes en las diferencias de inteligencia?

Iniciamos ahora una serie de tres capítulos en los que nos plantearemos de dónde proceden las diferencias de inteligencia entre las personas. En los capítulos 5 y 6 nos preguntaremos si el cerebro de las personas inteligentes funciona un poco más deprisa, y si la estructura de esos cerebros porta alguna marca de inteligencia. Pero primero sondearemos si la herencia genética y el entorno en el que nos movemos repercuten de algún modo en las diferencias de inteligencia. Los investigadores utilizan dos recursos esenciales para responder esta pregunta: hermanos gemelos y muestras de ácido desoxirribonucleico (ADN).

Hermanos gemelos

Hay dos tipos de gemelos: idénticos (monocigóticos) y no idénticos (dicigóticos). Los gemelos monocigóticos se desarrollan a partir del mismo óvulo fecundado y, por tanto, poseen la misma dotación genética y son del mismo sexo. Los gemelos dicigóticos se desarrollan a partir de dos óvulos diferentes fecundados por dos espermatozoides distintos, de modo que, como hermanos, comparten la mitad de su composición genética y pueden ser del mismo sexo o de sexos distintos. Esto ofrece un experimento natural: dos personas de la misma edad que en algunos casos tienen la misma dotación genética, y en otros casos comparten la mitad de su composición genética.

Lo que los investigadores quieren saber a partir del estudio de gemelos es en qué medida las diferencias entre personas en un rasgo concreto se deben a diferencias genéticas o a diferencias relacionadas con el entorno en el que se desenvuelven. Un rasgo puede ser casi cualquier cosa de una persona que se pueda medir: por ejemplo, el nivel de glucosa en sangre, la altura, el peso, la calvicie, la extraversión o la inteligencia. El efecto de los genes suele denominarse «a» por ser la abreviatura del efecto aditivo de los genes. En la investigación con gemelos es habitual dividir el entorno en dos aspectos: compartido y no compartido. El entorno compartido se denomina a veces entorno «común» y se abrevia como «c». El entorno no compartido se abrevia como «e». El entorno compartido comprende esos aspectos del entorno que comparten los hermanos gemelos. Los aspectos más obvios son la familia, por ejemplo, que tienen los mismos padres y crecen en el mismo hogar. También es posible que acudan al mismo colegio y compartan, además, algunos profesores. El entorno no compartido lo constituyen aquellos aspectos del entorno que los gemelos no comparten; por ejemplo, tal vez padezcan enfermedades diferentes, tengan amistades distintas y sigan trayectorias académicas desiguales.

Los investigadores que utilizan el método de los gemelos parten de la base de que los genes, el entorno compartido y el entorno no compartido pueden influir en las diferencias entre personas en relación con determinados rasgos. Emplean muestras de gemelos para calcular en qué proporción inciden esos factores. Para ello utilizan algunas técnicas estadísticas bastante avanzadas, pero es posible entender lo esencial sin necesidad de saber estadística. Una clave para ello radica en la correlación entre gemelos.

Lo normal es establecer una correlación entre dos aspectos medidos en las mismas personas. Al final de este libro hay un apartado en el que explico qué es una correlación. Ahí hablo sobre una muestra de personas de las que se conocen la altura y el peso. Cada persona tiene un valor numérico para la altura y un valor numérico para el peso, y ambos valores se correlacionan para ver si las personas más altas tienden también a pesar más. Esto se suele plasmar en forma de dos columnas de números en una tabla donde cada persona es una fila. La correlación entre gemelos es igual, pero con una pequeña diferencia: la diferencia consiste en comprobar si cuando un miembro de una pareja de hermanos gemelos tiene una puntuación alta en cierto rasgo, el otro miembro de la pareja de gemelos también tiene una puntuación elevada. Supongamos que medimos la altura. Tomaríamos al primer miembro de cada pareja de gemelos y crearíamos una columna de números con sus alturas. A continuación, tomaríamos al segundo miembro de cada pareja de gemelos y relacionaríamos sus alturas en la siguiente columna, de manera que cayeran al lado de la altura de su hermano gemelo. En este caso, tendríamos los miembros de cada pareja de gemelos en forma de filas. Hay un detalle más: lo haríamos por separado para gemelos monocigóticos y dicigóticos. Esto arroja una correlación para un rasgo determinado entre los miembros de pares de gemelos monocigóticos, y otra correlación entre los miembros de pares de gemelos dicigóticos. Y estas correlaciones revelarán en qué medida tienden a parecerse en ese rasgo particular los gemelos idénticos y los gemelos no idénticos.

Antes de preguntarnos cómo pueden informarnos estas dos correlaciones entre gemelos sobre la incidencia de los genes (a), el entorno compartido (c) y el entorno no compartido (e) en las diferencias en ciertos rasgos, será útil recapitular. En primer lugar, los gemelos monocigóticos tienen la misma dotación de material genético, mientras que los gemelos dicigóticos solo comparten el 50 % de su material genético. En segundo lugar, se da por hecho que el entorno compartido ofrece las mismas similitudes tanto en el caso de gemelos monocigóticos con en el de gemelos dicigóticos. En tercer lugar, el entorno no compartido es, por definición, completamente diferente para cada miembro de los pares de gemelos, sean monocigóticos o dicigóticos. Esto permite describir las semejanzas entre los miembros de pares de gemelos mediante ecuaciones sencillas. Para los gemelos monocigóticos, la correlación entre los pares se compone de genes idénticos y entornos compartidos idénticos, y este grado de similitud se denota mediante 1a + 1c. En el caso de los gemelos dicigóticos, la correlación entre los pares se compone de un 50 % de genes compartidos y entornos compartidos idénticos, y esta similitud se indica mediante 1/2a + 1c. Por tanto, se supone que el entorno compartido (c) ejerce el mismo influjo en ambos tipos de gemelos. Sin embargo, nótese que se supone que la similitud genética tiene el doble de efecto en los gemelos monocigóticos, y que esa es la única diferencia entre ambos tipos de pares de gemelos. Por lo tanto, duplicando la diferencia entre la correlación monocigótica y la dicigótica se podría obtener una estimación sencilla de la contribución genética a las diferencias entre personas en relación con un rasgo determinado; este número daría qué proporción de las diferencias en un rasgo concreto se debe a factores genéticos. A continuación, como la correlación monocigótica porta todos los efectos de la genética y del entorno compartido, se puede calcular el tamaño (la proporción) del efecto del entorno no compartido restando la correlación monocigótica a la unidad. Por último, el tamaño (la proporción) del efecto del entorno compartido se puede calcular restando el efecto genético a la correlación monocigótica.

Veamos un ejemplo práctico. Supongamos que medimos un rasgo y obtenemos una correlación monocigótica de 0,6 y una correlación dicigótica de 0,4. El efecto genético (a) vale 0,4, es decir, el doble de la diferencia entre esas dos correlaciones. Esto nos indica que el 40 % de las diferencias en este rasgo entre personas se deben a desigualdades genéticas. Después, el efecto del entorno no compartido (e) asciende a 0,4, es decir, 1 menos la correlación monocigótica. Esto revela que el 40 % de las diferencias entre personas en este rasgo están causadas por desigualdades en los entornos no compartidos. Por último, el efecto del entorno compartido (c) es de 0,2, es decir, la correlación monocigótica menos el efecto genético. Y esto evidencia que el 20 % de las diferencias entre personas en este rasgo están causadas por desigualdades en los entornos compartidos.

Aunque estos cálculos basados en las correlaciones de gemelos monocigóticos y dicigóticos no arrojarán resultados malos, hoy en día se utilizan procedimientos estadísticos más sofisticados que calculan los efectos de a (la genética), c (el entorno compartido) y e (el entorno no compartido); indican los errores de la estimación; comprueban si son significativamente mayores que cero, y ofrecen una guía sobre lo bien que concuerdan los modelos con los datos. No obstante, los artículos científicos aún suelen publicar las correlaciones monocigóticas y dicigóticas, por lo que quien lo desee podrá realizar los sencillos cálculos recién descritos aquí.

Más de 10.000 gemelos de tres continentes

Abordaré la contribución de la genética y el entorno a las diferencias de inteligencia utilizando el informe de Claire Haworth. Su base de datos incluye varios estudios de gemelos y contempla un total de 4.809 pares de gemelos monocigóticos y 5.880 pares de gemelos dicigóticos. Los estudios de gemelos proceden de: Ohio, EE.UU. (edad media de 5 años), Reino Unido (edad media de 12 años), Minnesota, EE.UU. (edad media de 13 años), Colorado, EE.UU. (edad media de 13 años), Australia (edad media de 16 años) y los Países Bajos (edad media de 18 años). No describiré todas las muestras, pero daré algunos detalles de la más grande, la de Reino Unido.

La muestra de Reino Unido incluida en este conjunto de datos fue la del Twins Early Development Study (Estudio del desarrollo temprano de gemelos). Estaba formada por 1.518 pares de gemelos monocigóticos y 2.500 pares de gemelos dicigóticos. De estos últimos, 1.293 eran parejas del mismo sexo y 1.207

eran de sexo opuesto. Cada uno de los participantes realizó cuatro test cognitivos por internet; tres eran de la Escala Wechsler de Inteligencia para Niños y el restante era el test de matrices de Raven. A partir de esas cuatro pruebas se calculó una puntuación de inteligencia general para cada persona. El origen social de esta muestra es similar al de la población general de Reino Unido. Para determinar si cada pareja de gemelos era monocigótica o dicigótica se utilizó un cuestionario sobre su parecido físico que rellenaron los padres. En caso de duda se examinó el ADN. Las diferentes muestras de gemelos del informe emplearon distintos test para evaluar la inteligencia.

Con fines lúdicos e informativos podemos realizar un cálculo que no efectuaron Haworth y sus coautores sobre la influencia genética y del entorno en las puntuaciones de los test de inteligencia. Esto se puede hacer a partir de las correlaciones de los gemelos monocigóticos y dicigóticos que se dan en el artículo. En las muestras combinadas, la correlación de los gemelos monocigóticos en las puntuaciones de las pruebas de inteligencia ascendió a 0,76, y la de los gemelos dicigóticos fue de 0,49. Por lo tanto, si aplicamos las fórmulas anteriores obtenemos que el 54 % de las diferencias de inteligencia se deben a diferencias genéticas (es decir, el doble de la diferencia entre las correlaciones monocigóticas y dicigóticas es 0,54); el 22 % de las diferencias se debe al entorno compartido (la correlación monocigótica de 0,76 menos el efecto genético de 0,54), y el 24 % de las diferencias se debe al entorno no compartido (1 menos la correlación monocigótica de 0,76). A grandes rasgos, en esta muestra combinada de niños y jóvenes, en torno a la mitad de las diferencias de inteligencia se deben a diferencias genéticas y alrededor de la otra mitad, a diferencias del entorno.

Los resultados de Haworth contienen detalles más interesantes aún. La muestra combinada oculta algunas variaciones en la relevancia de los genes y el entorno que se producen desde la infancia hasta la juventud. El siguiente paso que dio ella consistió en partir de la muestra combinada y separar a los participantes por edades: infantes (edad media de 9 años, rango de 4 a 10), adolescentes (edad media de 12 años, rango de 11 a 13) y adultos jóvenes (edad media de 17 años, rango de 14 a 34). La correlación para los gemelos monocigóticos ascendió a 0,74 durante la infancia, a 0,73 en la adolescencia y a 0,82 en la juventud. La correlación dicigótica fue de 0,53 en la infancia, 0,46 en la adolescencia y 0,48 en la juventud. Por tanto, se aprecia cierta tendencia a que los gemelos monocigóticos sean más parecidos en cuanto a inteligencia a medida que pasan de la infancia a la edad adulta, y un ligero desplazamiento en la dirección opuesta en los gemelos dicigóticos. Los propios autores hicieron un cálculo aproximado –que usted también puede efectuar– del peso genético para la inteligencia a estas edades diversas duplicando la diferencia entre las correlaciones de los gemelos monocigóticos y los dicigóticos. El resultado es que el 42 % de las diferencias de inteligencia a una edad infantil se debe a factores genéticos, y ese porcentaje aumenta hasta el 54 % en la adolescencia y al 68 % en la edad adulta. A veces este hallazgo se considera antiintuitivo. Sin embargo, antes de analizarlo, debemos examinar los resultados del modelo estadístico formal de Haworth.

Este modelo incorpora todos los datos de los gemelos monocigóticos y dicigóticos y aspira a hallar los valores más ajustados de los genes, el entorno compartido y el entorno no compartido. También proporciona errores estándar de estas estimaciones, lo que permite conocer su solidez. De hecho, aunque los procedimientos para efectuar modelos estadísticos puedan ser abstrusos, en última instancia siempre se basan en cosas como las correlaciones, y no deberíamos esperar obtener con ellos unos resultados muy diferentes de los valores hallados a partir del método más simple que acabamos de exponer.

Los resultados del modelo de Haworth se muestran en la figura 13. Antes de nada, identificaremos cada eje. En la parte inferior constan los tres grupos de edad: infancia, adolescencia y juventud. En el eje de la izquierda vemos los porcentajes de la contribución de tres factores a las diferencias de inteligencia. Cada factor se indica con una línea distinta: una de ellas muestra la contribución genética (A), otra indica el entorno compartido (C) y otra se refiere al entorno no compartido (E). Las barras verticales sobre cada línea indican errores estándar. Cuanto más cortas sean estas barras verticales, más seguridad hay de que el resultado sea sólido. Las barras obtenidas están bien; no son insignificantes, pero tampoco son muy grandes.

La línea A de la figura 13 representa la contribución genética. Esta línea asciende de izquierda a derecha. Es decir, la contribución genética a las diferencias de inteligencia entre personas es mayor en la edad adulta que en la infancia, y se sitúa en un término medio durante la adolescencia. Es necesario saber interpretar esto: no indica «qué cantidad de mi inteligencia se debe a la genética», sino que es una estimación del porcentaje de las diferencias de inteligencia entre personas que se deben a diferencias genéticas. En el caso de los niños, la respuesta es el 41 %; en los adolescentes, el 55 %; y en los adultos jóvenes, el 66 %. Por tanto, en la edad adulta, dos tercios de las diferencias de inteligencia entre personas se deben a sus diferencias genéticas. La respuesta para la infancia es de unos dos quintos. Los autores comprobaron de manera formal si el porcentaje de contribución de la genética a la inteligencia es menor en la infancia y la adolescencia que en la edad adulta; la respuesta fue que sí en ambos casos. La herencia genética de las personas influye más en las diferencias de inteligencia cuando se dejan atrás la infancia y la adolescencia.

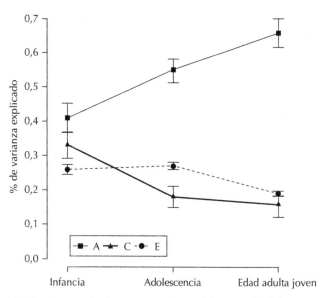

13. Diferentes contribuciones (porcentajes en el eje izquierdo) de los genes (cuadrados), el entorno compartido (triángulos) y el entorno no compartido (círculos) a las diferencias en cuanto a capacidad cognitiva general a diferentes edades (en la parte inferior).

Los resultados del modelo estadístico de los autores también revelaron que las diferencias de entorno entre unas personas y otras contribuyen de un modo considerable a sus diferencias de inteligencia. Tanto el entorno compartido como el no compartido tienen un peso significativo para las diferencias de inteligencia en las tres franjas de edad. Localice en la figura 13 la línea correspondiente al entorno compartido (C). La contribución del entorno compartido es del 33 % durante la infancia, y desciende hasta el 18 % en la adolescencia, y después al 16 % en la edad adulta joven. Si identificamos el entorno compartido sobre todo con la familia en la que se cría una persona, esto sugiere que su influencia empieza a responder de un tercio de las diferencias de inteligencia alrededor de los 9 años, y decae hasta una sexta parte en la edad adulta joven. Si estas cantidades nos parecen bajas, hay algunas investigaciones que encuentran contribuciones aún más bajas del entorno compartido a partir del empleo de otros conjuntos de datos. En la figura 13, la línea del entorno no compartido (E) se muestra bastante estable y contribuye a una cuarta o quinta parte de las diferencias de inteligencia en todas estas franjas de edad.

Tal vez parezca ilógico que las diferencias genéticas influyan más en las diferencias de inteligencia a medida que las personas pasan de la infancia a la edad adulta. O tal vez no resulte tan sorprendente. Durante la primera infancia, los padres supervisan más las actividades y el aprendizaje de los hijos; a medida que crecen, los padres ejercen una influencia directa menor y, por tanto, es posible que los individuos sean menos reacios a manifestar sus diferencias genéticas. También vale la pena comentar la modesta pero estable contribución del entorno no compartido. Las cosas que la gente hace y experimenta al margen de sus hermanos –incluso si son gemelos idénticos– son relevantes para las diferencias de inteligencia entre personas. Sin embargo, como esta contribución se calcula como aquello que sobra cuando se han tenido en cuenta los genes y los entornos compartidos, conviene reflexionar sobre qué representa. En efecto, representa los efectos de los entornos no compartidos dentro de la familia de crianza, pero también es un sumidero de otras influencias entre las que se cuentan los errores de medición. Rasgos como la inteligencia no pueden medirse sin error, por lo que es posible que el elemento «e» disminuyera un tanto si se midiera mejor.

Este estudio de gemelos –en realidad, una combinación de varios estudios de gemelos– nos ha revelado que los genes y el entorno son relevantes para las diferencias de inteligencia entre las personas. En la edad adulta, alrededor de dos tercios de las diferencias de inteligencia se deben a la variación de la genética heredada por cada individuo. También nos ha comunicado que la contribución genética aumenta desde la infancia hasta la edad adulta, y que los efectos de los entornos compartidos disminuyen a lo largo de ese periodo. La respuesta a la pregunta sobre cuánto influyen los genes y los entornos en las diferencias de inteligencia es que depende de la edad.

Antes de 2011, este era el procedimiento mayoritario empleado para calcular el origen hereditario –o sea, la contribución genética– de las diferencias en cuanto a inteligencia; es decir, se recurría al experimento natural de los dos tipos de parejas de gemelos: una que comparte todos los genes y otra que comparte solo la mitad. A partir de la primera mitad del siglo XX hubo muchos estudios de gemelos, incluidos algunos de gemelos criados por separado. ¡Ah!, y también hubo estudios de adopciones y de relaciones familiares diversas. Las conclusiones de estos estudios coincidieron con el estudio de gemelos recién expuesto. En 2011 se aplicó un método nuevo para calcular el origen hereditario de la inteligencia.

ADN

Los estudios de gemelos y de adopciones sugieren que las diferencias genéticas son importantes, pero no revelan qué genes contribuyen a ellas. Y, por mucho esmero que se ponga en su ejecución, algunas personas nunca estarán satisfechas con los resultados porque implican cierta especulación. Por ejemplo, los estudios de gemelos suponen que los entornos compartidos de los gemelos monocigóticos y dicigóticos son comparativamente similares. Aunque no se ha demostrado que esto sea falso, aún hay algunos investigadores a los que les inquieta que los entornos compartidos por gemelos idénticos sean más similares que los entornos compartidos por gemelos no idénticos, y que esto pueda engordar el valor de la contribución genética. Pues bien, para esclarecerlo, se puede seguir debatiendo dentro del método de estudio de gemelos para intentar demostrar que no posee defectos preocupantes, o se puede hacer algo diferente. Esa estrategia diferente consiste en ir directos al ADN de personas no emparentadas y analizarlo para obtener información sobre las contribuciones genéticas a las diferencias de inteligencia.

En 2002 se publicó el primer estudio de asociación del genoma completo, también llamado GWAS (por sus siglas en inglés) por quienes efectúan este tipo de estudios, los cuales abordan algunas de las limitaciones de los estudios de gemelos. En 2011, mi equipo publicó el primer GWAS de inteligencia de un tamaño decente. A continuación explicaré qué es un GWAS, y después describiré el mayor estudio realizado hasta el momento en que escribo que ha utilizado un GWAS para observar las contribuciones genéticas a las diferencias de inteligencia.

El material genético es ácido desoxirribonucleico (ADN). Está contenido en el núcleo de las células. En los seres humanos, el ADN está dividido en veintidós pares de cromosomas y dos cromosomas sexuales: un par de cromosomas X en las mujeres, y un cromosoma X y otro Y en los hombres. La estructura química del ADN en un cromosoma es una doble hélice, es decir, dos espirales entrelazadas. Cada persona recibe dos de estos conjuntos de dobles hélices, uno de la madre y otro del padre. La columna vertebral de cada hélice es una cadena lineal en la que se unen moléculas de azúcar y de fosfatos. De cada azúcar sobresale una de las cuatro moléculas de un grupo que recibe el nombre de nucleótidos: adenina (A), timina (T), citosina (C) y guanina (G). Cuando se emparejan entre sí las dos hebras de la doble hélice, la A se une a la T y la C a la G. Estos emparejamientos –mediante atracciones químicas que hacen que los miembros de cada par encajen a la perfección– mantienen cada hebra de la doble hélice junto a la otra. Si contamos el número de nucleótidos que tiene el ser humano a lo largo de una hebra de un par de cromosomas, desde el inicio del cromosoma 1 hasta el final del 22 y luego a lo largo de los cromosomas sexuales, encontramos unos 3.000 millones (3.000.000.000) de ellos.

Todo este conjunto de tres mil millones de nucleótidos tiene cierta estructura. Los genes son fragmentos del ADN que codifican proteínas. Hay unos 19.000 genes en el ADN humano. Una parte considerable del ADN humano se encuentra fuera de los genes, pero puede seguir ejerciendo algunas funciones, como la de regular la actuación de los genes. Los genes codifican proteínas. Las proteínas están formadas por aminoácidos. Cada aminoácido está codificado por una combinación de tres nucleótidos de ADN.

No todos los hombres y mujeres tienen la misma secuencia de tres mil millones de nucleótidos. Hay diferencias en el ADN entre individuos. En cada sitio del genoma hay un nucleótido que es el más común para una población dada, pero cada persona posee un nucleótido diferente en uno de cada mil sitios, aproximadamente. De modo que es probable que una persona tenga entre cuatro y cinco millones de posiciones en su ADN que no cuentan con el nucleótido más habitual. Por ejemplo, si en un lugar de un cromosoma la mayoría de las personas tiene una A, puede haber algunas que tengan una C. Como se trata de nucleótidos alternativos en un solo lugar de la cadena de ADN, reciben el nombre de polimorfismos de un solo nucleótido (SNP o *snips*, por sus siglas en inglés). Portar un nucleótido distinto al habitual en un tramo concreto del ADN puede tener una gran variedad de consecuencias: no ejercer ningún efecto; ser incompatible con la vida; causar una enfermedad; afectar a la respuesta a un medicamento; contribuir a alterar la intensidad de un rasgo. En total se han encontrado más de 100.000.000 de SNP en estudios de humanos.

En cuanto se vio con claridad que las diferencias genéticas entre las personas consisten en gran medida en los SNP que contiene el ADN, surgió el siguiente interrogante entre la comunidad científica: ¿cómo afecta al ser humano tener un SNP en lugar de otro en una posición determinada de un cromosoma? ¿Cómo se relacionan los SNP con las diferencias en cuanto a salud o a rasgos como la altura y el índice de masa corporal? Antes de responder esta cuestión es necesario describir el equipo que se emplea para analizar los SNP de las personas.

Para averiguar cómo se relaciona el ADN de una persona con su inteligencia, lo primero que se necesita es un poco de ADN. Una fuente de ADN que se suele utilizar es la sangre, donde está contenido en el núcleo de los glóbulos blancos. También se pueden utilizar enjuagues o hisopos bucales, los cuales permiten obtener ADN procedente de las células de los carrillos (células bucales) y de la boca. Cuando encargué los primeros análisis de SNP de muestras de sangre de participantes en mis estudios, a finales de la década de 1990, el coste ascendía a unas 10 libras esterlinas[1] por cada SNP. Solo analizábamos unos pocos cada vez. Después, la tecnología mejoró y permitió estudiar miles de SNP al mismo tiempo en la matriz de un chip de ADN que tenía el tamaño de un chicle en lámina de 8 g. Cuando mi grupo y yo realizamos nuestro primer estudio de asociación del genoma completo (abreviado como GWAS, por sus siglas en inglés) hacia 2010, analizamos 610.000 SNP de cada participante a un precio aproximado de 300 libras por

---

[1] En torno a 20,94 libras esterlinas actuales, que equivale a unos 25 euros. (N. de la T.)

persona, es decir, menos de una vigésima parte de un penique[2] por SNP. A principios de 2019 se podía comprar una matriz de más de 665.000 SNP por 28 libras. El coste de analizar las variaciones genéticas de un individuo se ha desplomado.

No es necesario analizar todos los SNP de una persona. En muchos casos, portar un SNP determinado incrementa la probabilidad de que también se tengan otros SNP. Por tanto, estas probabilidades permiten inferir mucho más sobre la configuración genética de una persona que lo que en realidad se está estudiando. A continuación, describo nuestros descubrimientos a partir del empleo del estudio de SNP en el ADN para analizar las contribuciones genéticas a la inteligencia.

ADN de 300.000 personas en 57 estudios

Nuestro informe, dirigido por Gail Davies, estudió la inteligencia y los SNP del ADN de 300.486 personas. Los participantes fueron la combinación de 57 estudios realizados en Europa, América del Norte y Australia. Todos los participantes tenían ascendencia europea. El estudio individual más grande era el UK Biobank, el cual aportaba algo más de la mitad de todos los participantes. La prueba de inteligencia utilizada con estos últimos consistió en trece ítems de razonamiento verbal y numérico. Para las 56 muestras restantes, los participantes habían realizado al menos tres pruebas cognitivas diferentes. A partir de

---

[2] La vigésima parte de un penique equivale a 0,05 peniques, lo que se corresponde con unos 0,0006 euros, es decir, seis centésimas de céntimo de euro. *(N. de la T.)*

los resultados obtenidos en esas pruebas, se calculó una puntuación de inteligencia general *(g)*. El ADN de cada persona se estudió en cientos de miles de posiciones. Puesto que tener un SNP guarda una relación estrecha con portar otros SNP, el estudio fue capaz de informar sobre casi 13 millones de SNP. Los siguientes resultados provienen de la información sobre variaciones en el ADN y de las puntuaciones obtenidas en pruebas de inteligencia con este grupo formado por casi un tercio de millón de personas.

Los principales resultados del estudio se muestran en la figura 14. Las personas que aportaron los datos para esta figura fueron los 300.486 participantes en los 57 estudios mencionados. A lo largo del eje inferior de la figura se muestran los veintidós cromosomas. Los cromosomas X e Y no se analizaron. En el eje vertical a la izquierda de la figura se encuentra el logaritmo en base 10 del valor de la probabilidad de que cada SNP esté relacionado con la inteligencia; explicaré qué significa esto. Cuando se entiende lo que significa un solo punto en esta figura, entonces se entiende todo lo demás. Observe un solo punto de esta figura, uno cualquiera. Ese punto representa un SNP; es decir, cada punto de la figura representa una posición de un nucleótido de ADN sobre el cromosoma correspondiente indicado en el eje horizontal. La altura del punto es la intensidad con la que la variación genética en esa posición del nucleótido se asocia con las puntuaciones obtenidas por la persona en los test de inteligencia. La altura de cada punto representa, pues, el valor de la probabilidad de la intensidad de la asociación entre la variación en esa posición concreta del ADN en ese cromosoma y la puntuación obtenida en el test de inteligencia.

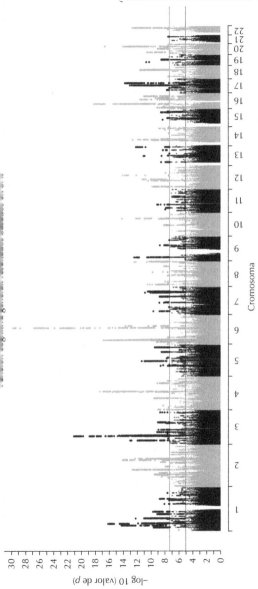

14. He aquí un diagrama de Manhattan, llamado así porque recuerda al perfil urbano de este lugar. Esta figura contiene los resultados obtenidos al estudiar la asociación entre diferencias en el ADN y diferencias en la función cognitiva general de más de 300.000 personas. Los números de la parte inferior indican el número del cromosoma. Cada punto es una variante genética, un polimorfismo de un solo nucleótido; hay millones de ellos aquí. Los números del eje vertical de la izquierda representan la intensidad de la asociación; los que están por encima de la línea horizontal superior son estadísticamente significativos. Hay 148 posiciones en el genoma que guardan una relación significativa con la función cognitiva general.

En la figura 14 hay 12.987.183 puntos. En psicología se suele aplicar un valor de probabilidad de 0,05 cuando se pregunta si las asociaciones son significativas. Es decir, se cuenta con la posibilidad de que esos resultados se den en uno de cada veinte estudios cuando no existe ninguna asociación verdadera. Si aplicamos ese valor de probabilidad en este caso, en el que se efectúan casi 13 millones de asociaciones, uno de cada 20 puntos parecería significativo, pero se debería al azar. Este valor es inaceptable aquí. La línea horizontal superior de las dos que aparecen en la figura 14 indica el nivel en el que debe situarse el valor de probabilidad para que un punto se considere significativo. Ese valor equivale a 5×10^{-8}; esto significa que la probabilidad de que el resultado de cada punto (SNP) ocurriera por azar debía ascender a 5 veces de cada 100.000.000. Por lo tanto, cada punto por encima de la línea horizontal superior es una posición del ADN en la que se dan diferencias entre personas y para la que podemos decir con suficiente confianza que esas diferencias guardan relación con las diferencias en la puntuación obtenida en los test de inteligencia. Hay 11.600 SNP significativos, es decir, ese es el número de variantes genéticas de un solo nucleótido que guardan relación con las puntuaciones de los test de inteligencia. Como la posesión de un SNP implica la posesión de otros, nos preguntamos cuántos de ellos eran SNP independientes; había 434 y se dan en 148 regiones a lo largo de los 22 cromosomas. Hay que aclarar que no todas las variantes genéticas se encontraban en las regiones del ADN que codifican genes.

A continuación, realizamos otro análisis con la información extraída de los mismos participantes. Esta vez, en lugar de estudiar las asociaciones entre SNP individuales y la inteligencia, nos preguntamos si las variaciones de SNP en genes tomados como unidades están asociadas con la inteligencia. Analizamos 18.264 genes y comprobamos que variaciones SNP en 709 de esos genes estaban relacionadas con la inteligencia.

El resumen tosco hasta aquí es que: hay muchas posiciones individuales en el ADN donde las diferencias genéticas entre personas están relacionadas con diferencias en las puntuaciones obtenidas en pruebas de inteligencia. Hay muchos genes cuyas diferencias guardan relación con las puntuaciones en los test de inteligencia. La inteligencia es, por tanto, un rasgo poligénico, es decir, asociado a una gran cantidad de variantes genéticas en muchos genes y en muchas posiciones del ADN que no corresponden a ningún gen.

Esto nos lleva a plantearnos dos cuestiones: en primer lugar, ¿qué cantidad de la variación en inteligencia entre personas se debe a todas estas diferencias del ADN?, y, en segundo lugar, ¿cómo afectan estas variaciones en el ADN y en los genes? La respuesta a la primera pregunta se da a continuación. La respuesta a la segunda es que algunas de estas variaciones SNP del ADN se han relacionado en otros estudios con la altura, el peso, el índice de masa corporal, el cáncer de pulmón, la enfermedad de Crohn, el trastorno bipolar, la esquizofrenia, el autismo, el párkinson y el alzheimer. Las variantes genéticas asociadas a la inteligencia parecen, por tanto, guardar relación también con la salud. Al examinar los conjuntos de genes relacionados con la inteligencia, se comprobó que varios de ellos tienen que ver con el desarrollo de las células nerviosas y el sistema nervioso.

Retomemos la primera pregunta. Nos planteamos qué proporción de la variación en las puntuaciones de las pruebas de inteligencia se debe a los SNP. Lo hicimos de dos maneras. En primer lugar, estudiamos este asunto en algunas de las muestras individuales de los 57 estudios que utilizamos. A continuación describiré la mayor de ellas, una de las submuestras del proyecto UK Biobank, compuesta por 86.010 personas. Se trata de participantes que no mantienen ningún parentesco entre sí y cuyo ADN se cotejó para tener la seguridad de que nadie mantenía con cualquier otra persona de la muestra una relación más estrecha que la de primos terceros. De cada participante se estudian cientos de miles de SNP en el ADN. Aunque no sean personas emparentadas, algunas presentan una similitud genética ligeramente mayor que otras en esos cientos de miles de SNP estudiados. Usamos un método para estudiar a los 86.010 participantes, y nos preguntamos: ¿en qué medida la similitud entre estas personas en esos cientos de miles de SNP de ADN está relacionada con su semejanza en cuanto a inteligencia? La respuesta fue que, teniendo en cuenta todos los SNP analizados, alrededor del 25 % de las diferencias entre personas en las puntuaciones de las pruebas de inteligencia se debían a las diferencias de los SNP de ADN. Este valor recibe el nombre de heredabilidad basada en SNP. Repárese en que esta estimación es menor que la estimación de la heredabilidad a partir de hermanos gemelos, mencionada con anterioridad. Es probable que esto se deba a que hay variantes genéticas más raras —no analizadas aquí— que contribuyen a las diferencias de inteligencia entre personas. Hay otros tipos de variación genética que no se analizaron y que también podrían contribuir a las diferencias de inteligencia.

La segunda manera de responder la primera pregunta consiste en utilizar las puntuaciones poligénicas. Para ello descartamos algunos de los estudios más grandes de las 57 cohortes, y volvimos a realizar el estudio de asociación del genoma completo (GWAS). Entonces empleamos los resultados obtenidos de este GWAS para ver si era posible predecir la inteligencia de las personas de cada estudio descartado basándonos tan solo en la información del ADN. Para ello utilizamos los resultados de los SNP del ADN del GWAS para crear una puntuación genética –llamada puntuación poligénica– en la muestra descartada. Es decir, se utiliza tan solo el ADN de los participantes de la muestra desechada para calcular cuál debería ser su puntuación en inteligencia de acuerdo con los resultados del GWAS. La respuesta fue que hasta un 5 % de la variación de la inteligencia en las muestras descartadas se debía a la puntuación poligénica. De modo que las pruebas de ADN por sí solas permiten emitir alguna predicción sobre las diferencias de inteligencia entre personas. Un 5 % no es mucho, pero ese porcentaje mejorará a medida que aumente el número de personas del GWAS empleado para establecer las puntuaciones poligénicas. Sin embargo, este método resultaría prácticamente inútil para predecir la puntuación de una persona en un test de inteligencia.

¿Qué hemos aprendido sobre la contribución genética a la inteligencia a partir de este estudio de GWAS? En primer lugar, que hay una gran cantidad de variantes genéticas en un gran número de genes, así como numerosas variantes genéticas fuera de los genes, que guardan relación con las diferencias de inteligencia entre personas. Es probable que el número de variantes genéticas asociadas a las diferencias de inteligencia entre distintos seres humanos ascienda a muchos miles. En segundo lugar, la heredabilidad de la inteligen-

107

cia basada en los SNP equivale a alrededor de la mitad de la detectada con estudios de hermanos gemelos; es probable que esta diferencia disminuya cuando se estudien más tipos de variación genética. En tercer lugar, el solo empleo del ADN de las personas permite predecir mejor que al azar sus diferencias en cuanto a inteligencia, pero no arroja una predicción fuerte. Si se tiene en cuenta el avance de los estudios GWAS para otros rasgos (como la altura y el índice de masa corporal) y algunas enfermedades (como la diabetes de tipo 2 y la hipertensión), parece esperable que a medida que se amplíen los estudios sobre la inteligencia se detecten muchas más variantes genéticas asociadas a la inteligencia y que la predicción mejore, aunque probablemente nunca llegue a ser fuerte. Es poco probable que la heredabilidad basada en diferencias genéticas cambie mucho mientras no se estudien variantes genéticas distintas de los SNP; estas incluirán variantes genéticas más raras y el número de copias de cadenas cortas de ADN que tiene cada persona.

Para los investigadores este trabajo ofrece ventajas y desventajas. Por un lado, se ha descubierto mucho sobre la asociación entre la variación del ADN y la inteligencia. Pero, por otro, no está nada claro cómo deberán tratar los científicos la inmensa cantidad de variantes de ADN que guardan relación con la inteligencia. Cada una de esas variantes solo ejerce un efecto minúsculo. De momento queda fuera de nuestro conocimiento de qué manera contribuyen, en conjunto, a las diferencias de inteligencia y cómo ayudan a escribir una parte de una historia mecanicista de la inteligencia. Investigadores y otros colectivos deben abordar con urgencia las cuestiones éticas relativas a la predicción de la inteligencia a partir del ADN. Aunque dicha predicción no sea buena, es probable que haya personas que intenten efectuarla. Queda trabajo por hacer en relación con las contribuciones de tipos de variación del ADN diferentes de los SNP a las diferencias de inteligencia.

Un hallazgo positivo de esta investigación fue el descubrimiento de que las diferencias genéticas que contribuyen a las diferencias de inteligencia también están relacionadas con otros rasgos y enfermedades. Para analizar esto más a fondo utilizamos la correlación genética, que trata de esclarecer qué intensidad tiene el solapamiento genético de dos rasgos. Es decir, podemos utilizar una correlación para expresar hasta qué punto las mismas variantes genéticas contribuyen a las diferencias entre personas en relación con dos rasgos. Es fundamental entender que utilizamos nuestros resultados genéticos sobre la inteligencia, y después encontramos correlaciones genéticas con los resultados de otros grupos de investigación sobre otros rasgos y enfermedades; no es necesario que esos otros rasgos y enfermedades se evalúen en nuestras propias muestras. En nuestro estudio se detectaron correlaciones genéticas positivas entre la inteligencia y la fuerza de agarre de las manos (0,09), la función pulmonar (0,19), la miopía (0,32), el peso al nacer (0,11), la edad de la menopausia (0,13), el trastorno del espectro autista (0,12; sí, esta correlación era positiva), el volumen cerebral (0,27) y la longevidad (0,17). Consideremos dos ejemplos de esta larga lista: el volumen cerebral y la longevidad. Estos resultados significan que algunas de las variantes genéticas que están relacionadas con tener un cerebro más grande también van asociadas a una inteligencia mayor. Lo mismo puede decirse de ser inteligente y vivir más tiempo. Hubo correlaciones genéticas negativas significativas con la hipertensión (–0,15), el índice de masa corporal (–0,13), el tabaquismo (–0,20), el infarto de miocardio (–0,17), el cáncer de pulmón (–0,26), la artrosis (–0,24), el trastorno por déficit de atención e hiperactividad (–0,37), la enfermedad de Alzheimer (–0,37), la esquizofrenia (–0,23), el trastorno depresivo mayor (–0,30), el rasgo de personalidad del neuroticismo (–0,16), la baja satisfacción en salud (–0,26), el insomnio (–0,12) y la hipermetropía (–0,21). Por tanto, el conocimiento de las contribuciones genéticas a la inteligencia no está separado del conocimiento de las contribuciones genéticas a la salud física y mental. Algunas de las variantes genéticas que se relacionan con una inteligencia elevada también se relacionan con un cuerpo más sano y con un menor riesgo de padecer enfermedades físicas y mentales.

La investigación genética sobre la inteligencia que utiliza muestras de ADN tiene al menos dos objetivos. El primero es averiguar por qué algunas personas son más brillantes que otras, y resulta que la genética guarda alguna relación con ello. Por el momento, parece que las diferencias de inteligencia están influidas por muchos miles de variantes genéticas, cada una de las cuales ejerce un efecto minúsculo. Dada esta complejidad, es posible que la perspectiva de entender las diferencias de inteligencia parezca sombría. Sin embargo, algunos métodos utilizados en los estudios basados en el ADN aspiran a conocer los sistemas genéticos implicados en las diferencias de inteligencia, es decir, los sistemas a los que contribuyen las variantes genéticas. Estos estudios también ayudan a entretejer la genética de la inteligencia con, por ejemplo, las influencias genéticas en la estructura del cerebro y la salud.

El segundo objetivo es la predicción. Acabamos de comentar que el hecho de disponer del ADN de las personas permite efectuar una predicción más acertada sobre sus diferencias de inteligencia. Sin embargo, la mejor predicción posible en la actualidad sigue sin explicar ni siquiera el 10 % de las diferencias de inteligencia entre personas. Predecir la inteligencia de cualquier individuo a partir de su ADN sería algo muy inexacto.

Creo que es una pena que no se haya podido decir más sobre las contribuciones del entorno. Los estudios con hermanos gemelos, sobre todo, apuntan a que el entorno tiene un peso relevante en la inteligencia. Sin embargo, este influjo suele inferirse a partir de lo que queda una vez calculadas las influencias genéticas. No ha resultado fácil identificar y medir influencias específicas del entorno para el rango normal de diferencias en inteligencia humana. Un problema que afecta a la investigación de la influencia del entorno en la inteligencia de las personas durante la infancia tal vez sea que algunos de los parámetros –por ejemplo, la cantidad de libros que hay en el hogar– están claramente influidos por la conducta de los padres, y lo habitual es que estos mantengan una relación genética con sus hijos. Por otra parte, fuera de los ámbitos típicos de los estudios de la genética o del entorno en relación con la inteligencia –es decir, ámbitos no patológicos de los países con mayores ingresos–, hay más influencias del entorno identificables en relación con la inteligencia. Así, por ejemplo, investigadores como David Bellinger han estudiado la posible influencia en la capacidad cognitiva de factores como la exposición al plomo, el consumo de metilmercurio, fluoruro y manganeso con el agua potable, las anestesias y cirugías infantiles, las conmociones cerebrales, la deficiencia materna de vitamina B_{12} durante el embarazo, la exposición a polifluoroalquilos, las cardiopatías congénitas y otros. En el apartado de lecturas adicionales remito al informe de Aaron Reuben y sus colaboradores a partir del estudio Dunedin, que descubrió que los niveles de plomo en sangre durante la infancia están asociados con una inteligencia más baja a una mediana edad temprana.

La heredabilidad –las contribuciones genéticas a las diferencias dentro de una población– no es fija ni universal. Los resultados obtenidos se aplican a la muestra específica que se midió. En EE.UU., la heredabilidad de la inteligencia parece ser mayor entre las clases sociales más acomodadas; por tanto, las diferencias de inteligencia dependen más del entorno entre las personas con una situación social más desfavorecida.

Los estudios genéticos plantean cuestiones éticas, y surgen otras nuevas de los estudios basados en el ADN. En los debates necesarios para resolverlas deberán participar personas bien informadas procedentes del mayor número posible de grupos relevantes.

5
¿Son más rápidas las personas más listas?

¿Cuáles son los fundamentos de las diferencias de inteligencia entre las personas? Con esto no me refiero tan solo al entorno y los genes. Una idea que viene de lejos es que las personas que obtienen buenos resultados en los test de inteligencia podrían ser mejores en algunos procesos psicológicos básicos. Entre esos supuestos procesos básicos se cuenta la rapidez mental, también denominada velocidad de procesamiento. Es posible que las personas más inteligentes tengan un cerebro más rápido y que su inteligencia se deba justo a eso. A veces se establece una analogía con la velocidad de procesamiento de los ordenadores; las computadoras con procesadores más rápidos resuelven problemas complejos de un modo más eficiente, y quizás más correcto.

Hay diferentes maneras de medir la velocidad de procesamiento. En el capítulo 1 ya vimos algunas de las pruebas que se usan para medir esta característica, como las consistentes en búsqueda de símbolos, claves y cancelaciones de la Escala Wechsler de Inteligencia para Adultos. En el capítulo 2 vimos que el envejecimiento tiene una repercusión negativa impresionante en estas pruebas de velocidad de procesamiento, en comparación con otros dominios cognitivos. Las pruebas de velocidad de procesamiento no obligan a pensar demasiado. Es poco probable que cometamos algún error si se nos da todo el tiempo que necesitemos para responder los ítems individuales. Las puntuaciones obtenidas en las pruebas de velocidad de procesamiento se correlacionan bastante bien entre sí y también con el resto de pruebas del test de Wechsler. Esto significa que las personas que obtienen buenos resultados en otros tipos de pruebas cognitivas más complejas, también sacan una buena puntuación en pruebas de velocidad de procesamiento aparentemente sencillas. Sin embargo, incluso estas pruebas de velocidad con preguntas más bien sencillas siguen teniendo bastante enjundia. Responder algunas de estas preguntas sencillas de velocidad de procesamiento puede llevarnos más de un segundo. Hace mucho tiempo que los investigadores buscan algo más simple aún, que permita medir la velocidad de procesamiento y que resulte más útil para desentrañar qué factores contribuyen a las diferencias en inteligencia general. A lo largo de más de un siglo se ha utilizado el tiempo de reacción como una medida de la velocidad de procesamiento.

Sé que con esto desvelaré antes de tiempo algunos de los resultados que veremos más adelante, pero creo que vale la pena señalarlo. Me sigue pareciendo sorprendente que las personas que obtienen buenos resultados en pruebas complejas de pensamiento, como las que vimos en las escalas de Wechsler, también hayan de ser buenas en pruebas que parecen bastante simples, como las relacionadas con el tiempo de reacción, las cuales, por ejemplo, pueden consistir tan solo en pulsar un botón lo más rápido posible cuando se enciende una luz. ¿Por qué tendría que haber una relación entre eso y todas las competencias cognitivas necesarias para realizar los diferentes test de Wechsler, o entre eso y la puntuación global en CI? Es interesante que haya una correlación entre una simple prueba de velocidad y la inteligencia. Pero las correlaciones brindan algo que hay que explicar, no una explicación. Si de verdad encontramos una correlación entre las puntuaciones en test de inteligencia y el tiempo de reacción, tendremos legitimidad para lanzar un lacónico «¡ah, esto es interesante!». Sin embargo, a continuación deberíamos preguntarnos qué sabemos sobre el tiempo de reacción si esperamos que, a su vez, explique algunas de las diferencias de inteligencia entre personas.

El estudio West of Scotland Twenty-07

En este estudio, Geoff Der y yo informamos sobre la correlación entre el tiempo de reacción y la inteligencia. Es el único estudio de este tipo realizado con una muestra amplia de personas que son representativas de su contexto poblacional. También cuenta con pruebas de inteligencia y de tiempo de reacción decentes, aunque cortas.

El estudio Twenty-07 se llamó así porque comenzó en 1987 y estaba previsto que finalizara veinte años después, en 2007. Para él se reclutó a personas de Glasgow, la mayor ciudad de Escocia, y sus alrededores. Al inicio del estudio, los participantes tenían 15, 35 o 55 años. Por tanto, es fácil calcular que, al cabo de veinte años de seguimiento, los dos grupos más jóvenes alcanzarían la edad que tenía el siguiente grupo situado por encima de ellos al comienzo del estudio. El objetivo general era averiguar algo más sobre las diferencias de salud entre distintas clases sociales a lo largo de la vida adulta. Los datos que utilizamos para estudiar la inteligencia y el tiempo de reacción procedieron de la cuarta fase del estudio Twenty-07, la cual tuvo lugar entre 2000 y 2001. En ese momento, los grupos tenían 30, 50 y 69 años. El número de personas con datos completos para el análisis fue de 714, 813 y 669 para cada uno de los tres grupos de edad, respectivamente.

Los participantes efectuaron una prueba para medir su tiempo de reacción. El dispositivo empleado se muestra en la figura 15. El rectángulo de la parte superior izquierda es una pantalla de cristal líquido en la que aparecen números durante la realización de la prueba, y la persona examinada también lo utiliza más tarde para ver los resultados obtenidos. El botón de inicio *(START)* sirve para que el participante lo pulse y comience la prueba. En la parte inferior hay cinco botones de respuesta junto a los números –de izquierda a derecha– 1, 2, 0, 3 y 4, y son los que emplea el participante para responder.

Se trata de medir dos tipos de tiempo de reacción: simple y de elección. En la prueba de tiempo de reacción simple, el participante coloca el dedo que desee encima de la tecla «0». La instrucción es: «En cuanto aparezca un cero en la pantalla, pulse la tecla cero lo más rápido posible». Hay ocho intentos de práctica y veinte intentos de examen. El tiempo de reacción simple de una persona se corresponde con la media de esos veinte intentos de examen, y se calcula en milisegundos. Hay una gran diferencia de medias entre distintas personas, pero un tiempo típico para un intento de tiempo de reacción simple ronda un tercio de segundo. Es un tiempo mucho menor que el que se tarda en completar cualquier ítem de, por ejemplo, las escalas de Wechsler.

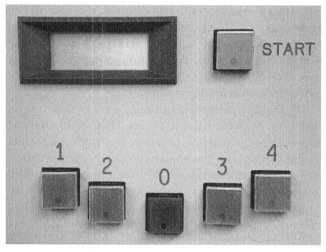

15. Dispositivo para medir el tiempo de reacción simple y el tiempo de reacción de cuatro opciones.

En la prueba de tiempo de reacción de elección, el participante debe pulsar la tecla que porta el mismo número que aparece en la pequeña pantalla. Para ello sitúa cuatro dedos sobre las teclas con los números 1, 2, 3 y 4, que suelen ser los dedos índice y corazón de ambas manos. Cada vez aparece un solo número, que puede ser el 1, el 2, el 3 o el 4. Las instrucciones son: «En cuanto aparezca un número en la pantalla, pulse la tecla con el número correspondiente lo más rápido posible intentando no fallar». A diferencia de la prueba de tiempo de reacción simple, en la del

117

tiempo de reacción de elección se pueden cometer errores. Sin embargo, pocas personas fallan muchas veces. Hay ocho intentos de práctica y cuarenta intentos de examen. El tiempo de reacción de elección de una persona es la media de sus respuestas correctas en esos cuarenta intentos de examen, y se calcula en milisegundos. Un tiempo típico es de unos dos tercios de segundo, en torno al doble del tiempo de reacción simple. Sin embargo, sigue siendo mucho más corto que el tiempo que se tarda en responder una pregunta en un test de inteligencia típico.

El test de inteligencia utilizado en el estudio Twenty-07 fue la parte 1 del test Alice Heim 4, el cual incluye algunos ítems de práctica. El test propiamente dicho consiste en responder sesenta y cinco preguntas en un tiempo máximo de 10 minutos. Hay casi el mismo número de preguntas de razonamiento verbal y numérico. Los tipos de preguntas implican razonamiento analógico, vocabulario, cálculo mental y completar series lógicas.

El test Alice Heim 4 y las pruebas de tiempo de reacción presentan tipos de tareas muy diferentes. Los ítems individuales de las tareas para medir el tiempo de reacción simple y de elección se realizan en una fracción de segundo, y casi no implican destreza intelectual. Aunque es posible precipitarse al responder una tarea de tiempo de reacción de elección y pulsar un número equivocado, si se nos da todo el tiempo que queramos no se cometen errores. Comparemos esto con el test Alice Heim 4, cuyos ítems requieren varios o muchos segundos para responderlos y que incluye algunas preguntas imposibles de responder de forma correcta para algunas personas, con independencia del tiempo que se les dé para ello. Sin embargo, a continuación veremos que las personas que obtienen buenos resultados en el test 4 de Alice Heim de inteligencia general también suelen tener tiempos de reacción más rápidos.

La figura 16 muestra los resultados. Observemos primero los recuadros inferiores, que corresponden al tiempo de reacción de elección (o CRT, por sus siglas en inglés). Cada círculo de la figura representa una persona. A lo largo del eje horizontal consta la puntuación obtenida en el test 4 de Alice Heim, sobre 65. En el eje vertical de la izquierda se indica el tiempo medio invertido en responder durante la prueba de tiempo de reacción. La altura de cada círculo representa el tiempo medio de reacción de elección expresado en milésimas de segundo, de modo que 1.000 equivale a un segundo. El recuadro inferior de la derecha corresponde a las 669 personas de 69 años, nacidas en la década de 1930. La nube de círculos muestra una tendencia general que va de la izquierda superior a la derecha inferior; es decir, las personas con mejor puntuación en el test 4 de Alice Heim de inteligencia tienden a tener tiempos de reacción de elección más cortos (mejores). La correlación asciende a −0,53, lo que implica una asociación fuerte. En la figura 16, la nube de círculos del recuadro central inferior muestra los resultados de las personas de 50 años, y el recuadro inferior de la izquierda contiene los de las personas de 30 años. La nube de círculos se sitúa más abajo dentro de cada recuadro a medida que se pasa del grupo de más edad al más joven; es decir, las personas más jóvenes, en general, tienen tiempos de reacción más cortos (mejores). Esto no debería sorprendernos después de lo que se vio en el capítulo 2. El tiempo medio de reacción de elección de las personas de 30 años es de 539 milisegundos, el de las personas de 50 años es de 623 milisegundos y el de las personas de 69 años es de 729 milisegundos. En los dos grupos más jóvenes también se aprecia una tendencia a que las nubes de círculos vayan desde la parte superior izquierda a la inferior derecha. En el caso de las personas de 50 años, la correlación entre el test 4 de Alice Heim de inteligencia general y el tiempo de reacción de elección es de –0,47. Para las personas de 30 años, esta correlación es de –0,44. Se trata de correlaciones de una intensidad media. En resumen, en muestras grandes de personas representativas de la población de Glasgow y sus alrededores en Escocia, el tiempo de reacción de elección manifiesta una correlación negativa, de una intensidad media y fuerte, con una prueba de inteligencia general de razonamiento verbal y numérico. Y esto se da en personas que tienen desde una edad adulta joven hasta una edad avanzada.

Los tres recuadros superiores de la figura 16 muestran los resultados del tiempo de reacción simple (SRT, por sus siglas en inglés) frente al test 4 de Alice Heim de inteligencia general. Recordemos que el tiempo de reacción simple consiste en pulsar un botón cada vez que aparece un «0» en la pantalla; no hay que elegir entre varios botones de respuesta. Tal como era de esperar, al pensar menos y no tener que elegir, los tiempos de reacción simple de los tres grupos son más cortos (más rápidos) que sus tiempos de reacción de elección. Para las personas de 69 años del cuadro superior derecho, el tiempo medio de reacción simple es de 354 milisegundos; para las de 50 años es de 318 milisegundos, y para las de 30 años es de 290 milisegundos.

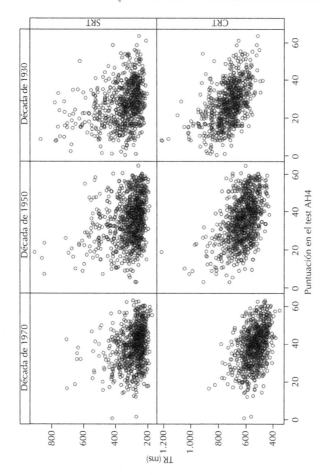

16. Ilustración de la asociación entre la inteligencia y el tiempo de reacción
simple y de elección para personas de 30 años (nacidas en la década de 1970),
50 años (nacidas en la década de 1950) y 69 años (nacidas en la década
de 1930). En el eje horizontal inferior se indica la puntuación en el test 4 de
Alice Heim de inteligencia general. En el eje vertical de la izquierda se da
el tiempo de reacción (TR) en milisegundos para el tiempo de reacción
simple (SRT) en los cuadros superiores, y el tiempo de reacción
de elección (CRT) en los cuadros inferiores.

121

Veamos en primer lugar el recuadro superior derecho, donde se muestra la asociación entre el test 4 de Alice Heim de inteligencia general y el tiempo de reacción simple para las personas de 69 años. Pero antes, observe los tres recuadros inferiores con los ojos entrecerrados. Verá que forman elipses bastante perfectas y un tanto inclinadas de la parte superior izquierda a la parte inferior derecha. Sin embargo, el recuadro superior derecho muestra una elipse más irregular. Hay más dispersión vertical de puntos en las puntuaciones más bajas del test 4 de Alice Heim que en las más altas. Esta tendencia no es tan marcada en el recuadro que hay justo debajo, es decir, el que muestra el tiempo de reacción de elección para el mismo grupo. A medida que nos movemos de las puntuaciones altas a las bajas en el test 4 de Alice Heim del recuadro inferior derecho, los círculos muestran la misma cantidad de dispersión vertical. El término empleado para esta diferencia en la dispersión vertical de los círculos que van de las puntuaciones altas en el test 4 de Alice Heim a las más bajas es *heteroscedasticidad*. Sí, ya sé que suena muy abstruso, pero me reconforta saber que hay una palabra específica para nombrar algo así. Uno parece inteligente cuando tiene la oportunidad de utilizarla. Suena complicada, pero también es interesante. Significa que en este grupo de personas de 69 años, los tiempos de reacción simple de quienes tienen puntuaciones más bajas en el test 4 de Alice Heim no solo son más lentos de media, sino que también son más variables. Las personas con una inteligencia general más baja difieren más en sus tiempos de reacción simple que las personas con una inteligencia más alta, además de tener tiempos de reacción simple más largos (más lentos o peores) en promedio. Esta diferencia en la dispersión de los tiempos de reacción simples –heteroscedasticidad– también se da en las personas de 50 años (recuadro central superior) y en las de 30 años (recuadro superior izquierdo), aunque es menos marcada que en el grupo de mayor edad.

En resumen, la relación entre el tiempo de reacción simple y la inteligencia no es tan directa como la existente entre el tiempo de reacción de elección y la inteligencia, pero sigue existiendo una asociación significativa. Para las personas de 69 años, la correlación entre el tiempo de reacción simple y la inteligencia general medida con el test 4 de Alice Heim es de –0,32; para las personas de 50 años es de –0,30, y para las de 30 años es de –0,27. Son correlaciones de una intensidad media. En mi opinión, estas correlaciones siguen siendo sorprendentes: ¿por qué el tiempo que se tarda en pulsar un botón cuando aparece un cero está relacionado con la puntuación obtenida en un complejo test de inteligencia?

Aquí hemos aprendido que las puntuaciones de los test de inteligencia mantienen correlaciones fuertes y moderadas con los tiempos de reacción de elección, y correlaciones intermedias con los tiempos de reacción simples. Las correlaciones se dan en todas las edades adultas, incluso en adultos jóvenes sanos. Las correlaciones son interesantes: evidencian que las puntuaciones de los test de inteligencia se relacionan con los resultados obtenidos en pruebas que no emplean el aprendizaje escolar, y que es improbable que sean sustitutivos de la ventaja social. Pero debemos evitar la tentación –si es que la sentimos– de decir que ahora entendemos que parte de las diferencias de inteligencia entre personas se puede explicar por la velocidad de procesamiento del cerebro. En primer lugar, porque aún no sabemos qué se pone a prueba en el cerebro con el tiempo de reacción. Y, en segundo lugar, porque no podemos dar por hecho que las diferencias en el tiempo de reacción son las causantes de las diferencias de inteligencia, y no al revés.

Veamos ahora una prueba de velocidad de procesamiento que parece incluso más simple, y analicemos si guarda alguna relación con las puntuaciones obtenidas en pruebas de inteligencia.

La Cohorte de Nacimiento de Lothian de 1936

En este estudio medimos la velocidad de procesamiento utilizando el tiempo de inspección. Podría esgrimirse que el tiempo de reacción, en especial el de elección, implica algo de pensamiento. La persona que realiza la prueba debe identificar el número que aparece en la pantalla, decidir qué tecla de respuesta debe elegir para indicarlo y, a continuación, marcar la opción correcta lo más rápido posible procurando no equivocarse. Aunque una posible respuesta a esa objeción sería que las respuestas se dan en la mitad o dos tercios de un segundo y, por tanto, no es posible pensar demasiado, aquí la tomaremos en serio y nos preguntaremos si hay algo aparentemente más sencillo que esté asociado con la inteligencia. El tiempo de inspección se ajusta a este criterio.

Los resultados que mostramos aquí proceden de 987 participantes con datos relevantes a partir de la Cohorte de Nacimiento de Lothian de 1936. Ya hablamos de ellos en el capítulo 2. Su edad media en el momento de la prueba era de 69,6 años, con poca variación porque todos habían nacido el mismo año. Para valorar la inteligencia general se utilizó la puntuación agregada obtenida en las siguientes subpruebas de la escala de inteligencia para adultos de Wechsler: razonamiento con matrices, secuencias de letras y números, diseño con cubos, claves y búsqueda de símbolos. Estas pruebas se describieron en el capítulo 1.

Para entender qué implica la tarea de tiempo de inspección, obsérvese la figura 17. La persona examinada se sienta ante una pantalla de ordenador en una sala con una cantidad de luz controlada. El contenido de cada ítem del tiempo de inspección se ve al seguir las ilustraciones de la figura 17 de izquierda a derecha. En primer lugar, aparece una pequeña cruz en el centro de la pantalla del ordenador. Esta es la señal que indica «prepárese». A continuación, aparece un estímulo consistente en dos líneas verticales de longitudes muy diferentes unidas mediante un travesaño por la parte superior. Este estímulo puede tener una de las dos formas que se muestran en las dos filas de la figura 17. Una de estas formas presenta una línea larga a la izquierda y una línea corta a la derecha, mientras que la forma alternativa porta la línea larga a la derecha y la línea corta a la izquierda. Inmediatamente después de que se retire el estímulo, aparece una «máscara» cuya función consiste en borrar la imagen del estímulo situada detrás. Evita el efecto que se produce al encender una luz en una habitación oscura y volverla a apagar: la habitación se sigue «viendo» con la luz apagada. Después de apagar la máscara, el participante responde si la línea larga del estímulo estaba a la derecha o a la izquierda. No hay ninguna prisa; la persona participante puede tomarse el tiempo que quiera para responder. No se mide el tiempo de reacción; lo único que registra el investigador es si se indica correctamente la posición de la línea larga o no. Si el estímulo se muestra durante mucho tiempo, por ejemplo, un quinto de segundo o más, no se cometen errores y la tarea que conlleva esta prueba resulta trivial. A continuación explicaré cómo se implementa la tarea para que surjan diferencias en los resultados obtenidos por cada participante.

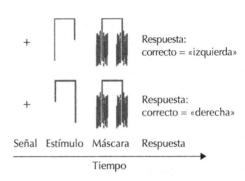

Señal Estímulo Máscara Respuesta

Tiempo

17. Secuencia de eventos para un ítem en la prueba de tiempo de inspección. Hay dos estímulos diferentes. La fila superior muestra la secuencia temporal cuando el estímulo tiene la línea larga a la izquierda. La fila inferior muestra la secuencia temporal cuando el estímulo tiene la línea larga a la derecha.

La clave de la tarea de tiempo de inspección es que el estímulo línea larga-línea corta se muestra durante intervalos temporales diferentes. En los intentos fáciles se muestra durante 200 milisegundos, es decir, un quinto de segundo. En los intentos más difíciles, el estímulo se muestra al participante durante tan solo 6 milisegundos, es decir, menos de 1/150 parte de un segundo. Durante este estudio, el estímulo se mostró a los participantes con 15 duraciones diferentes que iban de 6 a 200 milisegundos, con 10 repeticiones de cada una. Durante esos 150 intentos no supieron en ningún momento si la duración del siguiente estímulo sería larga (fácil), corta (difícil) o intermedia. La prueba se prolongó durante unos 15 minutos. A los participantes se les dio la oportunidad de adquirir bastante práctica antes de realizar la prueba de verdad. Insistimos en que la cuestión no era reaccionar rápido: por el modo en que se organizó el montaje experimental, para los sujetos era imposible dar una respuesta rápida. Simplemente respondían a su ritmo pulsando el botón de la izquierda o la derecha para indicar si la línea larga había aparecido a un lado o al otro. La tarea de tiempo de inspección pregunta lo siguiente: ¿cuánta información es capaz de asimilar una persona cuando tiene un estímulo delante de los ojos durante un intervalo breve de tiempo?

La tarea de tiempo de inspección no implica una respuesta veloz. Requiere la más simple de las decisiones –señalar si una línea larga estaba a la derecha o a la izquierda– basada en una discriminación que no da lugar a errores cuando el estímulo se muestra durante una quinta parte de un segundo. Si se analiza la probabilidad de acierto al decidir entre izquierda y derecha teniendo en cuenta la duración del estímulo, se ve que esta aumenta de forma constante desde lo aleatorio hasta la casi perfección a medida que la duración del estímulo pasa de breve a larga. Cuando ambas líneas se muestran durante unos 30 milisegundos o menos, las respuestas emitidas eran casi aleatorias, ya que los participantes no eran capaces de detectar dónde estaba la línea larga con exposiciones tan breves. Cuando ambas líneas se mostraban durante más de 100 milisegundos, las respuestas eran casi siempre correctas. Recordemos que los participantes nunca sabían cuánto iba a durar el siguiente estímulo –si sería fácil, intermedio o difícil– y, por tanto, el hecho de que casi todo el mundo acertara las exposiciones fáciles era una buena prueba de que la atención no fluctúa. El ascenso desde las respuestas aleatorias hasta las casi perfectas a medida que los tiempos de exposición pasan de cortos a largos es progresivo cuando se examinan los resultados generales del grupo.

Las personas mostraron diferencias en la capacidad para realizar la tarea de tiempo de inspección. En los 150 intentos efectuados, algunas personas obtuvieron mejores resultados que otras. Debe tenerse en cuenta que cualquiera conseguiría alrededor de 75 aciertos respondiendo al azar. Las diferencias en los resultados de las personas no se debían a la agudeza visual. La diferencia entre las líneas largas y cortas del estímulo es grande. Las personas cuyos resultados se analizaron fueron capaces de responder casi con total perfección en los intentos fáciles. Parece, por tanto, que cuando a las personas se les muestra un estímulo durante un espacio de tiempo muy breve, algunas extraen más y mejor información de él que otras. ¿Guarda esta capacidad alguna relación con la inteligencia?

En este estudio, 987 personas de la Cohorte de Nacimiento de Lothian de 1936 se sometieron a la prueba de tiempo de inspección y a las pruebas de la escala de inteligencia para adultos de Wechsler. La correlación entre las puntuaciones del test de inteligencia y las del tiempo de inspección fue de 0,32. Las personas con puntuaciones más altas en los test de inteligencia tendían a tomar más decisiones correctas sobre los estímulos del tiempo de inspección. Por tanto, las personas más inteligentes tendían a captar más información en esos estímulos visuales presentados brevemente.

La velocidad y otros procesos cognitivos

La sorprendente conexión entre habilidades bastante simples de velocidad de procesamiento y el pensamiento de un nivel elevado tal vez sea el comienzo de un camino capaz de arrojar algo de luz sobre qué significa ser inteligente. Las correlaciones entre la inteligencia y el tiempo de reacción y de inspección son una réplica a quienes desestiman los test de inteligencia por considerar que se basan en la clase social o en el mero aprendizaje académico con libros. Es difícil sostener esas críticas cuando se observa el contenido de los test para medir el tiempo de reacción y de inspección. En general, sin embargo, este campo se caracteriza por contar con numerosos investigadores trabajando en muchas pruebas diferentes para medir la velocidad de procesamiento, lo que dificulta sintetizar los resultados. Para cada prueba de velocidad de procesamiento que mantiene una correlación considerable con las puntuaciones obtenidas en pruebas de inteligencia, querríamos conocer el por qué, y eso implica una cantidad abrumadora de trabajo de seguimiento que aún está por hacer.

Y queda otra dificultad más amplia: la velocidad no es el único proceso psicológico de las diferencias de inteligencia que queremos explicar. Se están llevando a cabo numerosas investigaciones para comprender las diferencias de inteligencia en términos de memoria de trabajo (vimos una prueba de ello en el capítulo 1) así como de función ejecutiva. Animo al lector a leer sobre ambas, aunque con reservas. La memoria de trabajo suele evaluarse con pruebas muy parecidas a las de los test de inteligencia, por lo que no estoy seguro de que se esté explicando mucho en esta área. Un aspecto prometedor de las pruebas de velocidad de procesamiento es lo poco que se parecen a los test de inteligencia típicos. Y la función ejecutiva suele evaluarse con una combinación de pruebas, algunas de ellas relacionadas entre sí y otras no, por lo que es difícil aceptar que proporcione un conjunto coherente de procesos subyacentes a las diferencias de inteligencia, en lugar de limitarse a reflejar algunas de ellas.

Hasta ahora hemos visto las contribuciones de la genética y del entorno a las diferencias de inteligencia, y tal vez también contribuciones de la velocidad de procesamiento. A continuación observaremos el cerebro.

6
¿Cómo son los cerebros más inteligentes?

Este capítulo trata sobre mediciones del cerebro humano mediante neuroimágenes, que son diversas técnicas para tomar imágenes que estudian la estructura del cerebro y son capaces de desvelarnos los distintos tipos de tejido cerebral que tiene una persona, así como de indicar el estado de salud de algunos de ellos. Hay tipos de imágenes cerebrales que estudian la variación del riego sanguíneo cuando el cerebro ejecuta una tarea mental. Estos son estudios de imágenes cerebrales funcionales. Hay tipos de imágenes cerebrales que examinan la actividad eléctrica del cerebro en reposo y cuando responde a estímulos. Estos son los métodos de electroencefalografía (EEG u ondas cerebrales) y de potenciales evocados del cerebro. Hay tipos de imágenes cerebrales que examinan la actividad magnética que se produce debido a la actividad eléctrica del cerebro; son los métodos de magnetoencefalografía (MEG).

En este capítulo me centraré en las imágenes estructurales del cerebro. Creo que este tipo de imágenes proporciona las asociaciones más claras y las más reproducibles por ahora entre las medidas cerebrales y las puntuaciones de las pruebas de inteligencia.

La Cohorte de Nacimiento de Lothian de 1936

Stuart Ritchie, investigador de mi equipo, dirigió este estudio. Se trata de una sola muestra de un tamaño inusualmente grande para este tipo de análisis, y evalúa una serie de aspectos de la estructura cerebral.

Las personas analizadas proceden de la Cohorte de Nacimiento de Lothian de 1936. Ya hemos hablado de ellas en los capítulos 2 y 5. El presente estudio procede de la segunda ronda de pruebas que realizaron a una edad avanzada, en torno a los 73 años. De las 1.091 personas que reclutamos de unos 70 años, 886 volvieron a someterse a las pruebas a los 73 años. De ellas, 700 aceptaron y pudieron someterse a una resonancia magnética estructural para estudiar su cerebro y, de estas últimas, 672 arrojaron imágenes cerebrales y datos de pruebas cognitivas útiles para este estudio.

Los participantes en la Cohorte de Nacimiento de Lothian de 1936 efectuaron quince pruebas cognitivas que incluyeron test de memoria, de razonamiento no verbal y espacial, de velocidad de procesamiento y de conocimientos. Muchas de las pruebas cognitivas procedían de las escalas de inteligencia y memoria de Wechsler. También realizaron las pruebas de tiempo de reacción y de inspección descritas en el capítulo 5. A partir de las puntuaciones resultantes de las quince pruebas, cada persona obtuvo un factor cognitivo general –inteligencia general o puntuación «g»–. El objetivo consistía en comprobar la magnitud de la correlación entre esa puntuación en inteligencia general y diferentes dimensiones de la estructura cerebral.

Para obtener las mediciones cerebrales, los participantes se sometieron a un estudio cerebral con un escáner de imagen por resonancia magnética (IRM) de unos setenta y cinco minutos de duración. Esta herramienta utiliza campos magnéticos intensos para excitar los átomos de hidrógeno de las partes del cuerpo que contienen agua, incluido el cerebro, lo que permite reproducir y medir diferentes tipos de estructuras. Esto es así porque los átomos de hidrógeno de los distintos tejidos retornan a su estado no excitado a un ritmo diferente.

Creo que no es necesario decir mucho más sobre el escáner de imagen por resonancia magnética para entender este estudio. Aunque sí es importante saber que en las últimas décadas se han producido avances considerables en la capacidad de este instrumental para medir diversas características del cerebro. Las principales mediciones cerebrales que se tomaron de los participantes de la Cohorte de Nacimiento de Lothian de 1936 son cuatro y se ilustran en la figura 18.

Volumen cerebral total: se obtuvo midiendo en primer lugar el volumen total dentro de la capa interna del cráneo y restando después el líquido cefalorraquídeo o cerebroespinal, que es la sustancia que baña el cerebro en el interior del cráneo. La toma de imágenes por resonancia magnética permite distinguir este líquido de los tejidos cerebrales. Por tanto, el volumen cerebral total revela cuánto cerebro, de cualquier tipo de tejido, hay dentro del cráneo. Nuestra hipótesis es que las personas que obtienen mejores resultados en los test de inteligencia suelen tener cerebros más grandes.

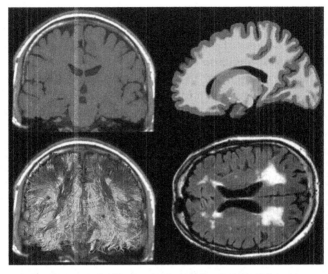

18. Imágenes cerebrales tomadas de participantes en la Cohorte de Nacimiento de Lothian de 1936, que revelan el volumen total del cerebro (izquierda superior; corte del plano coronal), el espesor cortical del cerebro (derecha superior; corte del plano sagital), las conexiones de la sustancia blanca del cerebro (izquierda inferior; corte del plano coronal) y las hiperintensidades (como cicatrices) en la sustancia blanca del cerebro (derecha inferior; corte del plano axial).

Espesor cortical del cerebro: la superficie exterior de los dos hemisferios del cerebro se denomina córtex o corteza. Es la «sustancia gris» de la que tanto se habla, y está formada en su mayoría por células cerebrales, sobre todo las células nerviosas del cerebro: las neuronas. El córtex está muy plegado y tiene entre 2 y 3 milímetros de espesor. Las imágenes por resonancia magnética separan el tejido cerebral en sustancia gris y sustancia blanca (véase más adelante), lo que permitió calcular un grosor cortical medio –el grosor de la sustancia gris del cerebro– a partir de las mediciones realizadas en 81.924 puntos del cerebro de cada persona. Nuestra hipótesis es que las personas que obtienen mejores puntuaciones en los test de inteligencia tienen cortezas cerebrales más gruesas, lo que indica más materia gris.

Integridad (o salud) de la sustancia blanca del cerebro: la sustancia blanca del cerebro se encuentra sobre todo debajo de la sustancia gris de la corteza. La materia blanca es la red de conexiones de los «cables» del cerebro. Algunas de estas conexiones son largas y otras son cortas. Las conexiones son los axones, que son extensiones a modo de fibras de las células nerviosas y las conectan con otras células nerviosas. La sustancia blanca se llama así porque estas fibras de conexión están recubiertas por una capa aislante de un material graso de color blanco llamado mielina. La longitud total de todas las conexiones de un ser humano adulto normal daría unas cuatro vueltas a la circunferencia de la Tierra. La llamada resonancia magnética por difusión revela el estado de salud de la sustancia blanca. Veamos la siguiente analogía para hacernos una idea de cómo funciona. Para que los mensajes fluyan con eficacia por un conjunto de axones o tractos de sustancia blanca necesitamos que sean como un conjunto de pajitas para refresco sin agujeros ni grietas en todo su largo, ya que en caso de haberlos se producirían fugas por los laterales. El procedimiento de la resonancia magnética de difusión permite comprobar si los conjuntos de axones de conexión de la sustancia blanca del cerebro son como pajitas de refresco intactas o si tienen grietas y agujeros. Otra analogía la ofrece una red de carreteras: la gente llegará a donde quiera ir si todas las carreteras son transitables y si no hay carriles cortados, baches u otros impedimentos. Nuestra hipótesis era que las personas que obtienen mejores puntuaciones en los test de inteligencia tienen la sustancia blanca del cerebro en mejor estado, lo que a veces se denomina mayor integridad. En este estudio, se evaluó la salud de las conexiones de la sustancia blanca de doce grandes tractos de sustancia blanca en el cerebro de cada persona, que son las autopistas de conexión del cerebro, por así decirlo. Las personas que tienen una sustancia blanca en un tracto suelen tenerla también en otros conjuntos, por lo que se utilizó una estimación media de la salud o la integridad de la sustancia blanca.

Hiperintensidades de la sustancia blanca del cerebro: algunas áreas de la sustancia blanca del cerebro se muestran especialmente brillantes en las imágenes por resonancia magnética, por eso se denominan hiperintensidades, porque manifiestan un brillo muy intenso en la señal que arrojan en el escáner cerebral. Pueden considerarse cicatrices en las conexiones del cerebro, y solemos tener más a medida que envejecemos. No son una enfermedad de por sí –muchas personas sanas tienen algunas–, pero su número es mayor cuando se padecen ciertas enfermedades, como la esclerosis múltiple. Una hipótesis en relación con las hiperintensidades de la sustancia blanca es que pueden deberse a problemas con los pequeños vasos sanguíneos del cerebro. Parece probable que la comunicación cerebral se vea afectada de algún modo –incluso en personas sanas– cuando hay más «cicatrices» de este tipo en la sustancia blanca capaces de interrumpir el procesamiento eficiente en el cerebro: sus «pajitas» son más permeables; su «red de carreteras» está más alterada. Nuestra hipótesis era que las personas con mejores resultados en los test de inteligencia tienen menos hiperintensidades en la sustancia blanca.

Todas nuestras hipótesis se vieron respaldadas por este estudio. Las correlaciones entre estas cuatro medidas cerebrales y la inteligencia general en la muestra de la Cohorte de Nacimiento de Lothian de 1936 son:

Volumen cerebral total: correlación con la inteligencia general («g») = 0,31. Las puntuaciones más altas en las pruebas de inteligencia tienden a ir acompañadas de un cerebro más grande en general. Después de este hallazgo, Simon Cox, miembro de mi equipo, examinó la asociación entre la inteligencia general (obtenida a partir de cuatro pruebas) y el volumen cerebral en más de 8.000 participantes (con una edad media de 63 años) en el estudio Biobank de Reino Unido, a quienes ya mencionamos en el capítulo 3. La correlación fue de 0,276, es decir, similar a la encontrada en la Cohorte de Nacimiento de Lothian de 1936.

Espesor cortical del cerebro: correlación con g = 0,24. Las puntuaciones más altas en los test de inteligencia suelen ir acompañadas de un mayor grosor de la corteza cerebral en general, es decir, de una materia gris más gruesa en la superficie del cerebro.

Integridad de la sustancia blanca del cerebro: correlación con g = 0,24. Las puntuaciones más altas en las pruebas de inteligencia suelen ir acompañadas de unas conexiones en la materia blanca más sanas en general.

Hiperintensidad de la sustancia blanca del cerebro: correlación con g = −0,20. Las puntuaciones más elevadas en las pruebas de inteligencia tienden a ir acompañadas de menos hiperintensidades en la sustancia blanca, es decir, de menos «cicatrices» en el tejido conectivo del cerebro.

Por tanto, las personas con mayor inteligencia general tienden a tener cerebros más grandes, mayor grosor de sustancia gris en la superficie del cerebro y conexiones cerebrales de materia blanca más sanas. Las asociaciones no son fuertes, pero algunos aspectos de la estructura cerebral están relacionados con las puntuaciones obtenidas en test de inteligencia.

Volumen cerebral e inteligencia

Jakob Pietschnig localizó 88 estudios que habían examinado la asociación entre las puntuaciones en test de inteligencia y el volumen cerebral. Algunos eran de participantes sanos; otros analizaban grupos de personas con autismo, esquizofrenia o lesiones cerebrales. Casi todas las exploraciones cerebrales se realizaron mediante la toma de imágenes por resonancia magnética. Las edades abarcadas comprendían desde la infancia hasta la vejez. Había 120 coeficientes de correlación; algunos estudios contemplaban más de una muestra. Había una correlación general de 0,24 entre el volumen cerebral y la inteligencia general; las personas con cerebros más grandes tendían a obtener una puntuación mayor en los test de inteligencia. La correlación entre la inteligencia general y el volumen cerebral fue de 0,26 en muestras sanas, sobre la base de 84 correlaciones.

Los autores escribieron un extenso apartado de discusión titulado «¿Por qué el tamaño del cerebro está asociado con la inteligencia?». La respuesta es que no lo saben, y tampoco lo sabe nadie. Especularon sobre la posibilidad de que los cerebros más grandes tengan un número mayor de células nerviosas, pero no hay estudios lo bastante buenos para corroborarlo.

Gilles Gignac y Tim Bates dirigieron un metaanálisis posterior sobre la inteligencia y el volumen cerebral en el que rehicieron el metaanálisis de Pietschnig. Tuvieron más en cuenta la calidad de los test de inteligencia. Además, descartaron las muestras clínicas y las que incluían a niños. Este metaanálisis revisado es útil para señalar la asociación entre el volumen cerebral y la inteligencia general en adultos sanos. A partir de estos criterios, encontraron 32 correlaciones con un total de 1.758 participantes y una correlación general de 0,29 entre el volumen cerebral y la inteligencia general. Descubrieron que se dan correlaciones ligeramente más elevadas cuando los test de inteligencia empleados en el estudio están catalogados como buenos o excelentes; en estos casos, la correlación tendía a ser superior a 0,3. También señalaron que las muestras de personas incluidas en los estudios tienen un rango de inteligencia más estrecho que el conjunto de toda la población, lo que reduce las correlaciones. Por tanto, sostienen ellos, si se tiene en cuenta tanto esto como el hecho de que algunos estudios no utilizan test de inteligencia muy buenos, es posible que la correlación sea mayor que la detectada en un metaanálisis básico. Ambos metaanálisis se publicaron antes de que estuvieran disponibles los datos masivos del proyecto Biobank de Reino Unido, los cuales detectaron una asociación de 0,276 entre el volumen cerebral y la inteligencia. Como se ve, los resultados son similares.

Si me preguntaran por la correlación entre la inteligencia general y el volumen cerebral en adultos sanos, creo que se sitúa en torno al 0,2 o un poco más.

Soy consciente de que algunos aspectos de los estudios la convierten en una estimación conservadora, pero creo que ser conservador es mejor que arriesgarse a exagerar la asociación. No es una correlación de una magnitud muy fuerte, pero tampoco es nula. Es lo bastante grande como para ser interesante y requerir una explicación de la que, por el momento, se carece.

La inteligencia más allá de la estructura cerebral

Teniendo en cuenta el espacio del que disponía, y puesto que considero que es aquí donde se encuentran las asociaciones más fuertes con la inteligencia, he hecho hincapié en los hallazgos logrados a partir de imágenes de la estructura del cerebro, en especial mediante resonancia magnética. Sin embargo, también hay estudios de imagen que relacionan los cambios funcionales del cerebro con las puntuaciones obtenidas en test de inteligencia. Estos han proporcionado resultados menos sólidos, pero se ha planteado que los descubrimientos con imágenes cerebrales estructurales y funcionales muestran algunos resultados coincidentes. Recomiendo el libro de Richard Haier titulado *The Neuroscience of Intelligence* como guía de lectura sobre las relaciones de la inteligencia con la estructura y las funciones cerebrales, entre otras cuestiones. Este autor es uno de los creadores de la *teoría de la integración parieto-frontal* (*P-FIT*) de la inteligencia, la cual defiende que en el cerebro hay una red limitada que presenta diferencias en cada individuo y que responde de algunas de las diferencias de inteligencia entre las personas. Mientras que yo considero los estudios de imágenes estructurales como el terreno más seguro hasta el momento presente para encontrar asociaciones entre el cerebro y la inteligencia, Haier va más allá usando hallazgos más o menos sólidos, y ofrece una explicación más integrada.

En los capítulos 4, 5 y 6 hemos visto que los genes, la velocidad de procesamiento y la estructura cerebral mantienen con la inteligencia asociaciones significativas y modestas que ofrecen pistas sobre el origen de las diferencias de inteligencia. Cada una de estas disciplinas ha generado más trabajo por hacer para comprender esas asociaciones. A continuación, en lugar de preguntarnos por las causas de las diferencias en cuanto a inteligencia, nos plantearemos algunas de sus consecuencias.

¿Es importante la inteligencia para los estudios o el trabajo?

Disponemos de libros enteros (generalistas y especializados) que menosprecian el invento y las aplicaciones de los test de inteligencia. Los test de inteligencia se emplearon a veces durante el siglo XX de forma inadecuada y con excesivo entusiasmo, dejando de lado otras características importantes del ser humano. Son una herramienta de la que se puede hacer un mal uso. Todas las herramientas entrañan este riesgo, pero, tal como responde la reina Isabel I en la obra *Kenilworth* de *sir* Walter Scott, «no es bueno arremeter contra el uso de algo porque se abuse de ello». Por tanto, aquí nos plantearemos si los resultados de los test de inteligencia tienen alguna utilidad. No se trata de ver si la puntuación obtenida en un test de inteligencia predice a la perfección los logros o resultados humanos –nunca lo hace, ni tan siquiera se acerca–, sino si esas puntuaciones tienen algún poder predictivo.

Los primeros test de inteligencia humana aparecieron en 1905. Fueron desarrollados por Alfred Binet y Théodore Simon en París para resolver un problema práctico: ¿cómo podían las autoridades identificar y ayudar a aquellos niños que no rindieran con una educación convencional? Hallaron la respuesta en los test de inteligencia, y ahora se cuentan por centenares. Por tanto, lo que llamamos test de inteligencia se inventó para cumplir una función práctica y prosocial.

Las principales aplicaciones de los test de inteligencia son educativas, laborales o médicas. Así, los test mentales se emplean para evaluar las facultades mentales en el ámbito del rendimiento escolar, el rendimiento laboral y el estudio de los efectos de las enfermedades y los tratamientos médicos en las funciones cerebrales. ¿Cómo sería la valoración del deterioro cognitivo a una edad avanzada y en el caso de enfermedades neurológicas y de otro tipo sin los test cognitivos? En el capítulo 8 brindaré algunas pinceladas sobre la nueva disciplina de la epidemiología cognitiva, donde las puntuaciones obtenidas en los test de inteligencia permiten predecir la salud y la longevidad de las personas. A continuación, nos centraremos en los ámbitos educativo y laboral.

Resultados de las pruebas del Certificado General de Educación Secundaria (*GCSE*) de Reino Unido

¿Sirve la puntuación obtenida en un test de inteligencia para saber quién obtendrá unas calificaciones académicas más altas y mejores? Esta pregunta se parece a la que se intentó responder con la invención de los primeros test de inteligencia. En Reino Unido, los test de inteligencia se usaron con profusión durante los dos cuartos intermedios del siglo XX para segregar a los escolares de más de 11 años de edad en itinerarios académicos más largos y teóricos o en itinerarios más breves y prácticos de la educación secundaria. Los test dejaron de usarse con esta finalidad sobre todo cuando se elevó la edad para concluir la etapa de la educación primaria, y la enseñanza secundaria aspiró en su mayoría a dar una formación integral. Sin embargo, las pruebas cognitivas todavía se utilizan de forma masiva en los centros educativos de Reino Unido, aunque con otro nombre y otras finalidades. Se denominan «test de capacidades cognitivas» en lugar de test de inteligencia, y se emplean, por ejemplo, para estimar la aportación de los centros educativos a los resultados obtenidos en los exámenes nacionales de su alumnado teniendo en cuenta las capacidades cognitivas de partida. En este capítulo nos plantearemos si la puntuación obtenida en un test de inteligencia general a la edad de 11 años permite predecir los resultados que tendrá el alumnado en los exámenes nacionales con unos 16 años de edad.

El conjunto de datos que describo a continuación incluye el Cognitive Abilities Test («Test de Capacidades Cognitivas» o CAT). En el capítulo 2 ya vimos la batería de test de inteligencia del CAT, donde describí sus subpruebas y dominios. Alrededor de un millón de estudiantes realiza versiones de este test en Reino Unido cada año. En nuestro estudio examinamos los resultados obtenidos por más de 70.000. Utilizamos los datos del CAT de 1997, del curso académico 1997/1998. El alumnado analizado tenía 11 años y el grupo era representativo de toda la población de Inglaterra dentro de Reino Unido. Las subpruebas del CAT se combinan para extraer puntuaciones en los dominios cognitivos del razonamiento verbal, el razonamiento cuantitativo y el razonamiento no verbal. Las puntuaciones de los estudiantes en estos dominios presentan una correlación grande; de ahí que calculáramos un factor de inteligencia general como el que vimos en la cúspide de la jerarquía de tres niveles del capítulo 1. El factor de inteligencia general del CAT explica alrededor del 70 % de las diferencias en las puntuaciones obtenidas por el alumnado en estas pruebas. Una puntuación combinada de los tres dominios del CAT ofrece una buena medida de la inteligencia general. Aunque había más de 35.000 niños y niñas en esta muestra, no se detectó una diferencia promedio en sus puntuaciones en cuanto a inteligencia general. Las niñas obtenían mejores resultados en el dominio cognitivo del razonamiento verbal con una diferencia respecto de los niños de poco menos de 4 puntos en la escala de CI (con una desviación estándar de 15).

Se nos dio permiso para relacionar las puntuaciones obtenidas en el CAT por esos más de 70.000 niños en 1997 con los resultados obtenidos en mayo de 2002 en el Certificado General de Educación Secundaria (GCSE) en Inglaterra. Estos son los exámenes nacionales efectuados por estudiantes de entre 15 y 16 años de edad, unos cinco años después de haber realizado las pruebas del CAT a los 11 años. Los GCSE tienen nueve niveles de puntuación, que van de la más baja a la más alta. Nuestro estudio analizó los resultados en veinticinco asignaturas diferentes calificadas en el GCSE. El alumnado procedía de 973 centros de enseñanza de Inglaterra. Nuestra muestra incluía más de una quinta parte del conjunto total de datos del GCSE de ese año en Inglaterra. Nuestro estudio abarcaba tan solo al alumnado de los centros públicos de secundaria convencionales y que efectuó la misma versión del CAT. El número máximo de estudiantes para el análisis ascendió a 74.403.

Comenzamos planteándonos cómo se correlaciona la puntuación en inteligencia general obtenida en el CAT a los 11 años con los resultados generales obtenidos en el GCSE a los 16 años, unos cinco años después. El alumnado se examina en los GCSE de numerosas asignaturas, así que lo habitual es extraer una puntuación para cada niño a partir del total de los ocho resultados mejores obtenidos en el GCSE. La correlación entre la inteligencia general evaluada con el CAT a los 11 años y la puntuación total de los ocho mejores resultados en el GCSE a los 16 años fue de 0,72. Esta es una correlación fuerte. No todo el alumnado se presenta a todas las asignaturas del GCSE, sino que cada estudiante elige varias entre un total de veinticinco. La correlación entre la puntuación en inteligencia general obtenida en el CAT y los resultados en las dos pruebas de GCSE más comunes fue de 0,67 para Lengua inglesa y de 0,77 para Matemáticas. Todas las puntuaciones obtenidas en los veinticinco GCSE mantienen una correlación positiva con la puntuación en inteligencia general obtenida en el CAT, y once de ellas presentan correlaciones superiores a 0,6. Incluso la correlación más baja de todas (de 0,43 entre la inteligencia general del CAT y la asignatura de Arte y Diseño) seguía siendo considerable.

Aunque las chicas y los chicos obtuvieron la misma puntuación promedio en inteligencia general de acuerdo con el CAT a la edad de 11 años, las chicas lograron mejores puntuaciones en 24 de los 25 GCSE, es decir, en todos excepto en Física, materia en la que chicos y chicas obtuvieron la misma puntuación. El mejor rendimiento de las chicas no se explica porque muestren mejor capacidad verbal en el CAT. Esto es importante. En esta muestra masiva, las chicas tienden a obtener mejores resultados que los chicos en el GCSE a los 16 años para las mismas puntuaciones cognitivas generales a los 11 años. Los resultados obtenidos en los GCSE permiten acceder al siguiente nivel de calificaciones –los *A Levels*– que condicionan el ingreso en la universidad y las carreras profesionales, de modo que son importantes para la vida de cada persona.

Retomemos la correlación entre el CAT y el GCSE. Para hacernos una idea más real de la correlación entre la puntuación en inteligencia general en el CAT a los 11 años y el rendimiento en los exámenes de GCSE a los 16 años, es mejor analizar tan solo al alumnado que se presentó a las mismas pruebas de GCSE. La figura 19 muestra los resultados de este análisis. Hubo 13.248 estudiantes que se presentaron a los GCSE de Lengua Inglesa, Literatura Inglesa, Matemáticas, Ciencias, Geografía y Lengua Francesa. Esta fue la combinación de seis asignaturas más común en las pruebas de GCSE. Fijémonos en los tres dominios del CAT y en que mantienen una correlación grande con un círculo etiquetado como F1. Este círculo F1 se denomina rasgo latente y es el concepto que vincula los tres dominios sobre la base de que todos ellos están muy correlacionados. Llamaremos a F1 «inteligencia general basada en el CAT» a partir de los 11 años de edad. Obsérvense las seis materias del GCSE; todas ellas mantienen correlaciones fuertes con otro rasgo latente, F2, basado en el hecho de que las seis tienen una correlación elevada entre sí. Llamaremos a F2 «rendimiento general en las pruebas del GCSE» a partir de los 16 años de edad. El procedimiento estadístico empleado para nuestro estudio consistió en desarrollar modelos de ecuaciones estructurales. Es un método complejo, pero sin relevancia aquí. El objetivo era crear F1 y F2 a partir de las puntuaciones obtenidas en el CAT y el GCSE, respectivamente, y calcular la correlación entre ellas. La correlación entre la inteligencia general a la edad de 11 años y el rendimiento general en las pruebas del GCSE a unos 16 años fue de 0,81. Este es un valor alto: las diferencias en cuanto a inteligencia entre personas diferentes a la edad de 11 años permiten predecir con firmeza sus diferencias en los resultados académicos que obtendrán con 16 años de edad.

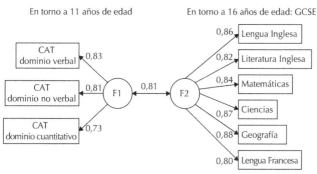

19. Asociación entre las diferencias del alumnado en cuanto a función cognitiva general (F1) a una edad aproximada de 11 años en la batería del Test de Capacidades Cognitivas (CAT) y el rendimiento general en las pruebas de GCSE (F2) a una edad aproximada de 16 años, sobre la base de la combinación de las materias elegida con más frecuencia en las pruebas de GCSE.

Puesto que los resultados académicos son la puerta de acceso a una formación superior y al mundo laboral y profesional, se trata de una correlación importante a efectos prácticos. Si pudieran optimizarse los resultados obtenidos en las pruebas de inteligencia a los 11 años, supondría un buen augurio para lograr calificaciones académicas más altas y mejores más adelante. Nosotros efectuamos una demostración de ello. El Departamento de Educación de Reino Unido evaluaba el rendimiento escolar teniendo en cuenta si en cinco o más materias del GCSE se habían obtenido resultados dentro de las cuatro franjas de puntuación más altas (de A* a C). Este criterio se utiliza para acceder a una formación superior o profesional. Poco más de 39.000 estudiantes cumplieron esa condición, y más de 30.000 no. El 58 % del alumnado que había obtenido una puntuación cercana al promedio en el test de inteligencia general a los 11 años de edad, consiguió una puntuación entre A* y C en cinco o más materias del GCSE. El 91 % del alumnado cuya inteligencia general se situó una desviación estándar por encima del valor promedio (15 puntos de CI) alcanzó ese nivel. Solo el 16 % de aquellos cuya inteligencia general se situó una desviación estándar por debajo del valor promedio (15 puntos de CI) cumplió ese criterio.

Se trata de resultados sólidos sobre la inteligencia que pueden emplearse como factor de predicción. Sin embargo, también hubo mucha variación en el rendimiento del alumnado en el GCSE sin ninguna relación con las puntuaciones del CAT. De hecho, destacamos que las diferencias en las puntuaciones de las pruebas de inteligencia solo explicaban en torno a la mitad o poco más de las diferencias con las puntuaciones obtenidas en el GCSE. Por tanto, debe de haber otros factores que también representan una contribución importante. Con independencia de las puntuaciones obtenidas en los test de inteligencia, ser mujer y obtener resultados más elevados en el dominio de la capacidad verbal del CAT iba asociado a mejores resultados en las pruebas del GCSE. Nosotros no pudimos comprobarlo, pero planteamos que hay otros factores que pueden favorecer el éxito en el GCSE, como la asistencia y la implicación con el centro educativo, ciertos rasgos de personalidad, la motivación, el esfuerzo, el respaldo de los padres, la calidad de la enseñanza, el carácter del centro de enseñanza, etc. En este contexto, la inteligencia dista mucho de ser lo único que importa para el éxito académico, pero constituye una parte sustancial.

Selección de personal y rendimiento laboral

Una vez finalizada la formación académica, ¿sirven los test de inteligencia para predecir qué personas tendrán un buen rendimiento laboral? El conjunto de datos relacionados con la vida laboral al que aludiré aquí consiste en una gran recopilación de hallazgos realizada por el difunto John Hunter junto con sus compañeros de investigación Ronda Hunter y Frank Schmidt. Sus intereses se centraron en la selección de personal para determinados puestos, en la búsqueda de las personas adecuadas para realizar un trabajo bien hecho. Ellos se plantearon una pregunta que parece sencilla: ¿vale la pena que una entidad empleadora seleccione al personal para un trabajo determinado basándose, entre otras cosas, en un test de aptitud cognitiva general (inteligencia general)? En este caso, el énfasis no se pone en cada uno de los individuos que se ofrecen para ser seleccionados, sino que el foco se coloca en las personas que efectúan la selección, y se centra en un problema práctico. Imagine que una entidad empleadora quiere seleccionar a personas para que empiecen a trabajar por primera vez en uno de sus puestos vacantes. ¿Cuál es el mejor método para seleccionar al personal nuevo más productivo? ¿Cómo saber quién aportará más beneficios a la empresa? En esencia, ¿valdría la pena incluir una prueba de aptitud cognitiva general entre sus herramientas de selección?

Hunter y sus compañeros se especializaron en metaanálisis. El área que metaanalizaron fue la toma de decisiones durante los procesos de contratación laboral. Examinaron con minuciosidad los estudios realizados a lo largo de 85 años de investigación psicológica. Leyeron y desmenuzaron miles de estudios para extraer sus conclusiones. Elaboraron una guía exhaustiva sobre qué conviene seleccionar para conseguir rendimiento laboral. Aunque algunos de sus trabajos de investigación son bastante técnicos y están repletos de estadísticas, contienen un mensaje firme y sencillo. Los criterios seguidos para contratar al personal son relevantes: generan grandes ganancias o pérdidas de dinero. A la hora de seleccionar al personal que se va a contratar, es importante seguir un conjunto de criterios abiertos e imparciales que mantengan la máxima relación posible con lo bien que desempeñará el trabajo la persona elegida. De modo que la clave es esta: ¿cuál es el mejor sistema para seleccionar al personal que realizará bien un trabajo?

John Hunter y Frank Schmidt analizaron la capacidad predictiva relativa de diecinueve métodos distintos para seleccionar a personal laboral. Tuvieron en cuenta todo lo posible, desde entrevistas hasta test de inteligencia, periodos de prueba en el puesto de trabajo, e incluso someter a los aspirantes a exámenes escritos (un método muy popular por entonces, sobre todo en Francia e Israel). La figura 20 contiene un resumen seleccionado de esos resultados; el diagrama representa el conocimiento acumulado de casi un siglo de investigación y miles de estudios de investigación.

Cada una de las columnas de la figura 20 representa un sistema diferente para contratar a personal, es decir, un método de selección. La longitud de la columna indica el tamaño de la correlación entre la valoración de cada persona con ese método de selección determinado y su rendimiento ulterior en el trabajo. Cuanto más larga es la columna, más fuerte es esta relación y mejor es el método de selección. La columna más larga pertenece a las pruebas de muestra de trabajo; estas permiten que todas las personas candidatas desempeñen el trabajo durante un tiempo y valorar su eficiencia. La ejecución de estas pruebas es costosa, y la mayoría de los puestos de trabajo no se presta a esta clase de procedimiento. También debe tenerse en cuenta que las entrevistas de trabajo muy estructuradas funcionan bastante bien, mientras que las entrevistas más típicas y no estructuradas resultan más insuficientes. Las comprobaciones de referencias por sí solas no son especialmente útiles. Los años de experiencia laboral y los años de formación académica no sirven para predecir el rendimiento de las personas en el trabajo. La edad aporta una información nula al respecto. La grafología, el análisis de la letra, no dice nada sobre lo bien que se realizará el trabajo. La selección mediante este método implica pérdidas monetarias no solo porque conduce a tomar decisiones de selección que no son óptimas, sino también porque se desperdicia lo invertido para usar este sistema. Es injusto, porque acaba rechazando a aspirantes por razones que no tienen nada que ver con su capacidad para efectuar el trabajo.

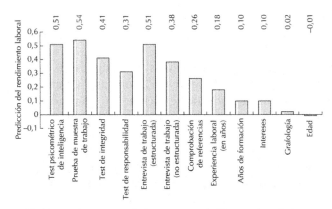

20. Algunos factores estudiados por su asociación con el rendimiento laboral. Cuanto más larga es la columna, mejor es la predicción. Los números son coeficientes de correlación.

En la figura 20, la columna correspondiente a la prueba de inteligencia general o test psicométrico es bastante larga, casi tan buena como la de los mejores métodos para predecir el rendimiento laboral. Ofrece información útil sobre el rendimiento medio del personal laboral en muchos tipos de empleos. A diferencia de otros métodos de selección, puede aplicarse de forma casi universal, por ejemplo, en ocupaciones en las que no es posible realizar una prueba de muestra de trabajo o confeccionar una entrevista muy estructurada. En comparación con la mayoría del resto de los métodos, la prueba de aptitud cognitiva general es rápida, barata y cómoda. De todos los métodos buenos, es la que tiene un coste más bajo. Si se revisan los trabajos de investigación publicados, se ve que las pruebas de aptitud cognitiva general muestran muchos más signos de éxito que cualquier otro método de selección, y se han utilizado en muchos más estudios de investigación que cualquier otro procedimiento.

Los test de inteligencia general ofrecen otras ventajas para el proceso de selección de personal laboral. Son los mejores para predecir qué empleados aprenderán más a medida que progresen en el trabajo. Son los mejores para predecir qué personas aprovecharán mejor los programas de formación. Sin embargo, la capacidad del test de inteligencia general para predecir el éxito laboral no es igual con todos los tipos de trabajo: cuanta mayor especialización y complejidad mental implique la labor, más útil resultará la puntuación obtenida en un test cognitivo para predecir el éxito en ese puesto de trabajo. Por tanto, los test cognitivos son inadecuados para trabajos no cualificados y son mejores para predecir el éxito en trabajos profesionales y cualificados. En su informe de investigación, Schmidt y Hunter concluyeron que «Dado su estatus especial, los GMA [test de aptitud cognitiva general o de inteligencia general] pueden considerarse el principal indicador para tomar decisiones de contratación de personal, y los 18 indicadores restantes se pueden contemplar como complementarios de los GMA».

Hunter se planteó qué otros métodos de selección añadían una capacidad predictiva mayor en caso de utilizar un test de inteligencia general. El mejor resultado lo brindó un test de integridad, que añadía otro 27 % a la capacidad predictiva. La realización de una muestra de trabajo o de una entrevista estructurada aportaba un 24 % de capacidad predictiva adicional. En los casos en los que puedan usarse, tendría sentido incorporar uno o varios de estos recursos, aparte del test cognitivo general. El uso de múltiples métodos es razonable en estos casos porque permite elegir mejor.

Los test centrados en el rasgo de personalidad denominado sentido de la responsabilidad y las comprobaciones de referencias también complementan con eficacia la prueba de capacidad cognitiva general.

Cuando se busca un conjunto de personas para realizar una serie de trabajos mejor que cualquier grupo elegido al azar, los test de inteligencia son útiles. No sirven en absoluto para predecir con perfección lo bien que una persona desempeñará una labor. Las empresas seguirán contratando a personal incompetente e insufrible. Pero, en términos generales, es mejor incluir una prueba de aptitud cognitiva general dentro de las herramientas empleadas para la selección del personal laboral.

Frank Schmidt y John Hunter señalaron otros aspectos útiles en una revisión posterior no sistemática. La correlación entre la inteligencia y el rendimiento en capacitación laboral, basada en 980 estudios, es fuerte en todos los niveles de complejidad laboral, entre 0,54 y 0,65. La revisión que efectuaron de los pormenores refutaba la idea de que haya aptitudes específicas capaces de predecir mejor la capacitación laboral que la inteligencia general; las puntuaciones obtenidas en aptitud cognitiva general daban resultados mejores. Un hallazgo notable es que la inteligencia general predice el rendimiento laboral igual de bien, cuando no algo mejor, a medida que aumenta la experiencia laboral. Dedicaron parte de aquella revisión a buscar una razón para la fuerte correlación que existe entre la inteligencia y el rendimiento laboral, y llegaron a la conclusión de que un factor que interviene es el conocimiento del trabajo: «Las personas con mayor capacidad cognitiva general adquieren un conocimiento del trabajo mejor y con más rapidez». Y cerraron su estudio con la siguiente conclusión: «Hace casi 100 años, Spearman (1904) propuso que el constructo de la aptitud cognitiva general es crucial para los asuntos humanos. La investigación que se presenta en este artículo respalda aquella propuesta suya en el mundo laboral, un ámbito de la vida que es esencial para los individuos, las organizaciones y la economía en su conjunto».

Tener éxito en la vida al margen de la inteligencia

Para que nadie me acuse de simplificar en exceso, permítame repetir que todos sabemos que se necesita algo más que cerebro para tener éxito, y a veces ni siquiera hace falta mucho cerebro. Volviendo a la obra *Kenilworth* de *sir* Walter Scott, el joven Walter Raleigh era consciente de que podría medrar más que otros cortesanos de más edad y menos éxito que él gracias a ciertas cualidades no cognitivas: «Pues, señores», respondió el joven [Raleigh], «ustedes son como la buena tierra, que no da cosecha si no se aviva con abono; mientras que yo tengo en mi haber este espíritu de rebeldía que hará que mis pobres facultades se esfuercen por permanecer a su altura. La ambición me mantendrá el cerebro activo, se lo garantizo».

Al mismo tiempo que reiteramos y reconocemos que una inteligencia elevada dista mucho de bastar para alcanzar el éxito, hay algunos indicios de que las personas con un grado de inteligencia más elevado pueden alcanzar un éxito mayor. Para ahondar en la cuestión de que las personas con éxito son aquellas que en su juventud manifestaron unos niveles de capacidad cognitiva desorbitados, recomiendo el trabajo de David Lubinksi y Camilla Benbow. Así, por ejemplo, las personas que figuraban entre el 1 % de toda la población con una capacidad más alta en razonamiento matemático a la edad de 13 años tenían más probabilidad de llegar a una mediana edad, cuarenta años después, ocupando puestos académicos titulares en las mejores universidades, siendo altos ejecutivos en empresas de la lista Fortune 500 o ejerciendo la abogacía en grandes bufetes. Habían producido una gran cantidad de libros, artículos de investigación y patentes, y habían conseguido financiación para proyectos de investigación.

La inteligencia predice el éxito profesional y académico, y esto cubre la vertiente de la economía y la sabiduría. Veamos ahora qué ocurre con la salud.

8

¿Es importante la inteligencia para la salud y la longevidad?

«La utilidad definitiva de los test psicológicos»: así se titulaba un artículo publicado en una revista académica en 1992. Sus autores eran Brian O'Toole y Lazar Stankov. Habían analizado datos de soldados australianos en la época de la guerra de Vietnam y llegaron a la conclusión de que «un test de inteligencia general [...] predice bien la mortalidad a una mediana edad», es decir, la probabilidad de morir en la madurez de la vida. Durante varias décadas, los test de inteligencia se habían utilizado en el ámbito educativo y el laboral, tal como se expuso en el capítulo 7. Pero esto era diferente: planteaba la posibilidad de que test de inteligencia tuvieran alguna capacidad para predecir la evolución de la salud y hasta la muerte. Esta nueva especialidad se denomina epidemiología cognitiva. Para ver un ejemplo integral procedente de esta disciplina, consideraremos de qué modo se asociaba la inteligencia de una población entera, estudiada a los 11 años de edad, con la duración de su vida hasta 68 años después.

El Sondeo Mental Escocés de 1947

Este estudio nuestro estuvo dirigido por Catherine Calvin. Se trata del único estudio que efectuó el seguimiento de una población casi completa con la finalidad de averiguar si una inteligencia más alta durante la infancia predice una vida más larga.

El Sondeo Mental Escocés de 1947 estudió a 70.805 escolares que asistieron a los colegios de Escocia el miércoles 4 de junio de 1947. Todos habían nacido en 1936 y se sometieron al Moray House Test n.º 12 de inteligencia general. El estudio comprendió en torno al 94 % de la población infantil escocesa nacida en 1936. Intentamos averiguar qué personas de aquellas 70.805 seguían vivas el 31 de diciembre de 2015, a la edad de 79 años. En el caso de las fallecidas, intentamos averiguar de qué habían muerto. Queríamos esclarecer si la puntuación obtenida en el test de inteligencia a los 11 años de edad guardaba alguna relación con la supervivencia hasta los 79 años. Queríamos saber si la inteligencia durante la infancia está relacionada con algunas causas de muerte pero no con otras.

Para responder estas preguntas tuvimos que conectar los datos del Sondeo Mental Escocés de 1947 con registros sanitarios. Téngase en cuenta que los apellidos de las mujeres a los 11 años de edad no siempre coincidían con los que figuraban más tarde en los historiales sanitarios debido a los matrimonios. Esta fue una de las dificultades para localizar a más de 70.000 escolares varias décadas después. Tras obtener el permiso del Registrador General de Escocia, pedimos a los Registros Nacionales de Escocia que cruzaran el Sondeo Mental Escocés de 1947 con los datos médicos del Registro Central del Servicio Nacional de

Salud (NHSCR) en Escocia. En torno al 10 % de esos escolares escoceses se mudó a Inglaterra y Gales en años posteriores. Para completar el estudio, quisimos relacionar también las puntuaciones que obtuvieron en las pruebas de inteligencia con su supervivencia. El Sistema Integrado de Bases de Datos y Administración de MRIS efectuó el cruce con el Registro Central del NHS en Inglaterra y Gales. De todas las personas localizadas se tomó un registro de su estado vital (vivo o muerto). La causa de la muerte se catalogó de acuerdo con el sistema de Clasificación Internacional de Enfermedades. A continuación se encuentra el resumen de un proceso de cruce de datos que mi equipo tardó unos tres años en concluir.

De los 70.805 escolares analizados en el Sondeo Mental Escocés de 1947, localizamos a 65.765 hasta los registros sanitarios del 31 de diciembre de 2015. Los que siguieran vivos tendrían 79 años, y habrían vivido 68 años a partir de la realización del Moray House Test n.º 12 de inteligencia general con 11 años de edad. La cantidad de personas localizadas supera el 92 % de las que participaron en el Sondeo de 1947. El tiempo medio de seguimiento fue de 57 años; 25.979 participantes habían fallecido y 30.464 seguían con vida. Quedaban 9.322 cuyo estado vital era desconocido, lo que incluía a personas que habían emigrado fuera de Gran Bretaña, que habían desaparecido de los registros médicos y algunas otras.

Encontramos una asociación positiva entre las puntuaciones más altas en la prueba de inteligencia realizada con 11 años de edad el 4 de junio de 1947 y la probabilidad de continuar con vida el 31 de diciembre de 2015. He aquí el resultado en números sencillos: en promedio, un escolar con una ventaja de

15 puntos en una escala de CI a los 11 años tenía en torno a un 20 % menos de riesgo de estar muerto a los 79 años. La solidez del resultado puede expresarse en forma de números que representen los intervalos de confianza del 95 %, es decir, el rango de valores con un 95 % de probabilidad de contener el valor verdadero. En este caso, el intervalo de confianza del 95 % era del 22 % al 19 %, lo que significa que la estimación del 20 % probablemente era exacta.

Este era el resultado para todas las causas de muerte agrupadas. A continuación, describiré algunas causas específicas de muerte y su relación con los resultados de las pruebas de inteligencia efectuadas durante la infancia. Más de 9.500 personas fallecieron debido a enfermedades cardiovasculares. Una ventaja de 15 puntos de CI en inteligencia a los 11 años de edad iba asociada a un riesgo un 24 % menor de morir por enfermedad cardiovascular hasta los 79 años (el intervalo de confianza del 95 % era del 25 % al 23 %).

La figura 21 muestra la asociación entre la puntuación obtenida en el test de inteligencia a los 11 años de edad y la muerte por enfermedad cardiovascular hasta los 79 años. Las puntuaciones del test de inteligencia se han dividido en diez grupos, que van desde el más bajo hasta el más alto. No es así como se hicieron los análisis –ya que emplearon todas las puntuaciones reales que obtuvieron los participantes en los test–, pero aquí se ha hecho esta agrupación para ilustrarlo mejor. A lo largo del eje horizontal inferior figura el número de cada división de la puntuación en el test de inteligencia. El grupo con la puntuación de CI más baja se denomina grupo de referencia («Ref.»). En el eje izquierdo vertical figura el riesgo de morir por una enfermedad cardiovascular, llamado «razón de riesgo». La razón de riesgo del intervalo de puntuación más baja se fija arbitrariamente en 1,0 con el fin de poder comparar el resto de los grupos. El punto de la gráfica situado más a la izquierda es el grupo de referencia, el de menor coeficiente intelectual, cuya razón de riesgo vale 1,0. Obsérvese que los otros nueve puntos que se encuentran más a la derecha portan extensiones verticales en forma de T; son los intervalos de confianza del 95% y son pequeños, lo que significa que las estimaciones son robustas. A medida que nos desplazamos hacia la derecha a partir del grupo de referencia, los valores del riesgo disminuyen de manera constante. Esto es importante: nos dice que a medida que aumenta la puntuación obtenida en el test de inteligencia a los 11 años, se produce una disminución constante del riesgo de muerte a los 79 años por la causa contemplada. La asociación entre una inteligencia infantil más baja y una muerte más prematura por enfermedad cardiovascular no se limita tan solo a los niveles inferiores de la puntuación obtenida en el test de inteligencia; incluso el grupo con la segunda puntuación más elevada en el test de inteligencia sale peor parado que el grupo con la puntuación más alta. Consideremos ahora el punto de la gráfica situado más a la derecha; se trata del grupo con mayor puntuación en inteligencia durante la infancia. Su razón de riesgo se sitúa en torno a 0,4; es decir, su riesgo de morir hasta los 79 años de edad por una enfermedad cardiovascular se reduce alrededor de un 60% con respecto al del grupo con una puntuación más baja. Esto parece indicar que la inteligencia durante la infancia importa mucho para saber si una persona morirá o no debido a una enfermedad cardiovascular antes de los 79 años de edad.

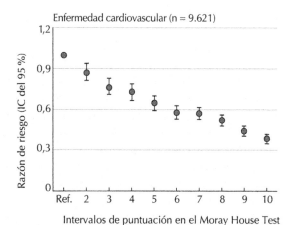

Enfermedad cardiovascular (n = 9.621)

21. Este es uno de los doce diagramas del informe de Calvin *et al.* que representa la asociación entre las puntuaciones obtenidas en pruebas de inteligencia efectuadas con 11 años de edad y la probabilidad de morir por diversas causas antes de que transcurran 69 años. En la parte inferior figura la puntuación obtenida en el Moray House Test de inteligencia general dividida en diez grupos; «Ref.» es el grupo con la puntuación más baja y 10 es el que tiene la más alta; 9.621 personas habían fallecido por enfermedad cardiovascular. En el eje vertical de la izquierda, el riesgo del grupo de referencia con la puntuación más baja se establece en 1. Obsérvese el descenso progresivo del riesgo a medida que aumentan las puntuaciones obtenidas en el test de inteligencia. El grupo con la puntuación más alta tiene un riesgo un 40 % inferior al del grupo con la puntuación más baja.

También se detectó un efecto protector creciente de la inteligencia desde el grupo con la puntuación más baja hasta el grupo con la puntuación más alta en el test de inteligencia en el caso de enfermedades coronarias, accidentes cerebrovasculares (estos dos primeros forman parte de las enfermedades cardio-vasculares), cánceres relacionados con el tabaquismo, enfermedades respiratorias, enfermedades digestivas, demencia y traumatismos. La asociación más fuerte de todas se produjo con las enfermedades respiratorias, para las que una ventaja de 15 puntos de CI en el test de inteligencia a la edad de 11 años se asoció con un riesgo un 28 % menor de morir por esa causa antes de los 79 años (intervalo de confianza del 95 %, del 30 % al 26 %). En comparación con las personas situadas en la décima parte más baja del coeficiente intelectual, la décima parte con mayor puntuación tenía un 70 % menos de riesgo de morir por una enfermedad respiratoria a los 79 años. También había una asociación entre una inteligencia más baja durante la infancia y la muerte por suicidio en hombres, aunque no en las mujeres. Las únicas causas de muerte que no mostraron ninguna asociación con la inteligencia durante la infancia fueron los cánceres no relacionados con el tabaquismo.

Cuando trascienden estos resultados tan sólidos y casi integrales –en relación con la mayoría de las principales causas de muerte–, muchos de nosotros sentimos gran curiosidad por saber a qué se deben. Para este estudio contamos con algunos participantes que tenían información sobre la situación socioeconómica durante la infancia en el momento en que se efectuaron las pruebas de inteligencia. El ajuste aplicado para tener en cuenta este factor no implicó una gran diferencia en los resultados. La explicación no estaba ahí.

Nuestro estudio también analizó otra muestra escocesa que portaba información sobre la situación socioeconómica de los participantes en la edad adulta, y si eran o no fumadores. Con algunas causas de muerte, al introducir controles sobre estos factores se redujo la asociación entre la inteligencia y la mortalidad entre una cuarta parte y casi dos tercios. Sin embargo, con una ventaja de 15 puntos de CI en inteligencia seguía habiendo un 23 % menos de riesgo de morir por enfermedades respiratorias y un 21 % menos de riesgo de morir por enfermedades coronarias. En el mejor de los casos, el tabaquismo y la situación socioeconómica de los adultos solo explicaban en parte las asociaciones entre la inteligencia y el riesgo de fallecimiento. También nos planteamos la posibilidad de que pesara la educación, la cual, en otros estudios, llega a reducir en parte el tamaño de las asociaciones entre inteligencia y muerte cuando se tiene en cuenta. Sin embargo, consideramos que es un factor discutible puesto que una inteligencia mayor va asociada a la obtención de formación académica más elevada, tal como vimos en el capítulo 7. Por tanto, ajustar los resultados teniendo en cuenta la educación vendría a ser en la práctica ajustar en parte teniendo en cuenta la inteligencia. Más adelante, en este mismo capítulo, reflexionaremos sobre las razones que pueden favorecer que una inteligencia mayor en la infancia esté asociada a la longevidad y a una protección contra una muerte prematura por diferentes causas.

Inteligencia en la juventud y mortalidad por cualquier causa

En un metaanálisis también dirigido por Catherine Calvin y realizado antes del estudio que acabamos de exponer, habíamos encontrado dieciséis estudios que informaban sobre asociaciones entre las puntuaciones en test de inteligencia efectuados durante la juventud y los fallecimientos por cualquier causa. Todos esos estudios procedían de cohortes de la población general y se efectuaron en cinco países: Reino Unido (7), Estados Unidos (5), Suecia (2), Australia (1) y Dinamarca (1). El estudio más pequeño incluía a 862 personas. El más grande tenía poco menos de un millón de participantes y se centraba en soldados suecos masculinos. Las pruebas de inteligencia procedían en su mayoría de registros de reclutamientos militares o de pruebas en el ámbito de la educación. Eran evaluaciones de la inteligencia efectuadas entre los 7 y los 20 años de edad. Los estudios se publicaron entre 1988 y 2009. De hecho, quince de los dieciséis aparecieron entre 2001 y 2009. En total, los dieciséis estudios abarcaban más de 1,1 millones de personas, de las cuales más de 22.000 habían fallecido. Los periodos de seguimiento abarcaban desde diecisiete hasta sesenta y nueve años.

El resultado principal de este metaanálisis fue que una ventaja de 15 puntos de CI en la juventud se asocia con un 24 % menos de riesgo de muerte durante el periodo de seguimiento aplicado. El tamaño de la asociación era similar en hombres y mujeres. Como el estudio de los soldados suecos era tan grande, volvimos a calcular los resultados omitiendo este estudio, y no cambiaron. Tener ventaja social durante la infancia no explicaba la asociación entre inteligencia y mortalidad. Algunos estudios contenían información sobre la formación académica de las personas y el nivel socioeconómico de los participantes adultos. El ajuste de esos factores redujo las asociaciones entre inteligencia y mortalidad entre un tercio y la mitad. Sin embargo, debatimos la posibilidad de que la educación y el estatus socioeconómico de los adultos pudieran reflejar, hasta cierto punto, el nivel de inteligencia en una etapa anterior.

167

Resumamos lo que llevamos comentado hasta ahora. Existe una asociación sólida entre las puntuaciones más altas en las pruebas de inteligencia durante los primeros años de vida y el hecho de vivir más tiempo y de tener un riesgo menor de morir por causas diversas. Cuando veamos los siguientes estudios comprobaremos también que, por término medio, las personas con mayor inteligencia durante la infancia tienen un riesgo más bajo de desarrollar diversas enfermedades y son más propensas a adoptar hábitos más saludables en la edad adulta. Todas estas investigaciones –excepto los resultados pioneros del estudio de soldados australianos en la época de la guerra de Vietnam– aparecieron en el siglo XXI.

En 2001, Lawrence Whalley y yo informamos sobre el primer estudio que encontró una relación entre una inteligencia más alta durante la infancia y una vida más larga. Estaba basado en un subconjunto del Sondeo Mental Escocés de 1932. La magnitud de la asociación entre la inteligencia infantil y la longevidad era similar a la hallada en los estudios más amplios que ya se han descrito. La razón por la que lo menciono aquí es que en la discusión de ese informe de 2001 nosotros planteamos cuatro causas posibles y no excluyentes de la relación entre la inteligencia infantil y la salud y la longevidad. Eran las siguientes:

1. Las puntuaciones obtenidas en los test de inteligencia durante la infancia podrían ser indicativas de lesiones físicas acumuladas hasta esa edad y, por tanto, ser un índice parcial de la desviación de la salud óptima en general.

2. Las puntuaciones altas en pruebas de inteligencia efectuadas en la infancia podrían re-

presentar un cuerpo mejor cableado, en general, desde el momento del nacimiento o incluso antes; esta idea se denominó «integridad del sistema».

3. Una mayor inteligencia durante la infancia podría conducir a una formación académica más elevada y, con posterioridad, a puestos de trabajo especializados; esto podría favorecer la salud incluyendo el ingreso en entornos más seguros.

4. Una inteligencia más alta en la infancia podría asociarse a la adopción de hábitos y estilos de vida más saludables.

Desde la presentación de nuestro listado en 2001, la principal aportación explícita ha sido la posibilidad de que la inteligencia y los resultados en materia de salud –incluida la longevidad– dependan de factores genéticos parcialmente compartidos. Ya vimos algunas pruebas de ello en el capítulo 4, donde expusimos las correlaciones genéticas entre la inteligencia y muchos factores relacionados con la salud.

Parte de la investigación en este campo de la epidemiología cognitiva se pregunta si, aparte de estar asociada con una vida más larga, una inteligencia mayor guarda relación también con un menor riesgo de desarrollar ciertas enfermedades y con la adopción de hábitos más saludables. Estos resultados son interesantes de por sí, pero también lo son porque podrían ayudar a explicar hasta cierto punto las asociaciones entre inteligencia y muerte.

El Sondeo Longitudinal Nacional sobre Juventud de 1979

Este es uno de nuestros análisis y estuvo dirigido por Christina Wraw. El Sondeo Longitudinal Nacional sobre Juventud de 1979 es una muestra tomada en EE. UU. formada por 12.686 participantes. Los conocimos en el capítulo 3 y eran representativos de su grupo de edad, que tenía entre 14 y 21 años a finales de 1978. Fueron examinados por primera vez en 1979 y aportaron datos sobre salud, factores sociales, empleo y actitud. Hasta 1994 fueron entrevistados cada año; después, cada dos años. Al principio del estudio realizaron un test de inteligencia llamado Pruebas de Aptitud para las Fuerzas Armadas, cuyas cuatro subpruebas eran sobre razonamiento aritmético, conocimientos matemáticos, vocabulario y comprensión lectora.

Los datos sanitarios que analizamos aquí proceden de su sondeo de 2012 y contienen resultados de más de 7.000 participantes. Se evaluaron dieciséis estados de salud, extraídos del «apartado sobre salud» que rellenaron 5.793 participantes cuando tenían alrededor de 50 años. Nueve de esos estados de salud provinieron de las respuestas dadas a la pregunta de si tenían alguna enfermedad diagnosticada por un médico.

Las puntuaciones más altas en los test de inteligencia realizados en la juventud iban asociadas a un menor riesgo de ser diagnosticados de una serie de enfermedades comunes en torno a los 50 años de edad. Los resultados se expresan aquí como el porcentaje de un riesgo menor a recibir ese diagnóstico por cada 15 puntos de CI de ventaja en la puntuación obtenida en el test de inteligencia. Una inteligencia más alta en la juventud iba asociada a un riesgo más bajo de ser diagnosticados a los 50 años de hipertensión arterial (20 %), diabetes (15 %), enfermedad pulmonar crónica (29 %), cardiopatías (21 %), insuficiencia cardíaca congestiva (34 %), apoplejía (35 %) y artritis (16 %). La inteligencia no solo está relacionada con la duración de la vida; también lo está con la probabilidad de que se nos diagnostiquen muchas enfermedades a una mediana edad.

Otros resultados de nuestro informe relacionados con la salud proceden de cuestionarios con preguntas personales. Los participantes en la encuesta con puntuaciones más altas en los test de inteligencia realizados en la juventud tenían mejor forma física y estado de salud general, así como menos problemas de movilidad.

El ajuste con el nivel socioeconómico durante la infancia apenas influyó en los resultados. Por tanto, las privaciones durante la infancia no explican las asociaciones entre inteligencia y salud. También ajustamos los resultados de acuerdo con el nivel socioeconómico en la edad adulta, que consistía en una combinación de la formación académica, los ingresos y la situación laboral. Las asociaciones entre inteligencia y salud se redujeron bastante al tener en cuenta estos factores. Comentamos que esto no permitía una interpretación única; era posible que cualquier efecto protector de la inteligencia en los primeros años de vida para el estado de salud a una mediana edad funcionara a través de las ventajas sociales. También podía ser que la formación académica, los ingresos y la situación laboral actuasen en cierta medida como una variable *proxy* de las puntuaciones obtenidas en los test de inteligencia. A partir de los indicadores individuales del nivel socioeconómico en la edad adulta, parecía que la pobreza relativa podía explicar en parte la asociación entre una inteligencia más baja y una mala salud.

Christina Wraw y nuestro equipo presentaron otros dos conjuntos de resultados procedentes de la misma base de datos del Sondeo Longitudinal Nacional sobre Juventud de 1979. En el primero habíamos analizado la salud mental a los 50 años. Los participantes con puntuaciones más altas en las pruebas de inteligencia realizadas en la juventud sufrían menos depresión a una mediana edad, según una evaluación a partir de un cuestionario estándar. Comunicaron menos problemas de sueño. Una ventaja de 15 puntos en CI durante la juventud arrojaba un 22 % menos de riesgo de declarar mala salud mental a los 50 años. Por otra parte, las personas con mayor inteligencia en la juventud eran ligeramente más propensas a declarar que habían sido diagnosticadas de depresión en algún momento de su vida. Especulamos con la posibilidad de que este último resultado se debiera a que las personas con más inteligencia son más conscientes de los síntomas debido a un conocimiento mayor de la salud y, por tanto, a que procuraban hacer algo al respecto. O, también, podía guardar relación con el funcionamiento del seguro médico en EE. UU., el cual tal vez obligue a contar con un diagnóstico para recibir un tratamiento pagado. Una vez más, el ajuste de acuerdo con el nivel socioeconómico durante la infancia influía poco en los resultados, pero el ajuste con el nivel socioeconómico durante la edad adulta reducía considerablemente las asociaciones entre inteligencia y salud mental.

Christina Wraw dirigió nuestro tercer informe sobre Sondeo Longitudinal Nacional sobre Juventud de 1979. En él comprobamos las asociaciones entre la inteligencia durante la juventud y los hábitos saludables a los 50 años. Por término medio, quienes tenían una ventaja de 15 puntos en CI en la puntuación del test de inteligencia realizado en la juventud presentaban un 40 % menos de probabilidad de fumar a los 50 años, un 33 % menos de probabilidad de haber pasado una borrachera en el último mes con la ingesta de seis bebidas alcohólicas o más, y un 47 % más de probabilidad de usar hilo dental. No daré aquí todos los números relacionados con esto, pero sí diré que las personas con puntuaciones más altas en los test de inteligencia realizados en la juventud también eran, a los 50 años, más capaces de realizar una actividad cardiovascular moderada y de superar una prueba de resistencia; menos propensas a haber tomado una bebida azucarada recientemente, y más propensas a leer con frecuencia la información nutricional de los alimentos en el momento de comprarlos.

A veces me preguntan por las implicaciones de este campo de investigación. Una respuesta basada en estudios es que es bueno averiguar por qué existen desigualdades sociales en materia de salud, y descubrir que las diferencias en cuanto a inteligencia podrían tener algo que ver con ellas. Una respuesta más pragmática apelaría a que tal vez sea buena idea descubrir y copiar lo que hacen las personas inteligentes en materia de salud, porque todo indica que en promedio tienen una vida más sana y más larga. Hay indicadores abrumadores de que una inteligencia mayor en la juventud está relacionada con comportamientos más saludables en la edad adulta, un riesgo menor de sufrir ciertas enfermedades y una vida más larga. Aun así, queda mucho trabajo por hacer para averiguar por qué existen estas asociaciones.

¿Aumenta la inteligencia de generación en generación?

Tenemos una persona de 30 años de edad; corre el año 1940. Un especialista en psicología mide su altura con un metro y su inteligencia con un conocido test de CI. A continuación tenemos otra persona de 30 años; esta vez estamos en el año 1970. Procedemos a medir su altura e inteligencia usando el mismo metro y el mismo test de CI. Ambas mediciones arrojan resultados idénticos en altura y en la puntuación obtenida en el test de inteligencia. ¿Debemos concluir que estas dos personas tienen la misma altura y el mismo nivel de inteligencia? Es probable que lo primero sea cierto, pero lo segundo, no. El problema está en algo que se conoce como «efecto Flynn».

El efecto (James) Flynn del aumento del CI

El investigador clave aquí es James Flynn, politólogo neozelandés de la Universidad de Otago. Lo primero que Flynn sometió a una comprobación científica seria fue que las empresas dedicadas a la preparación de test cognitivos debían rehacer las normas para fijar las puntuaciones cada cierto tiempo. Este problema técnico que suena tan aburrido fue el origen de uno de los mayores enigmas que permanecen sin explicación en el campo del estudio de la inteligencia. Cuando se compra un test cognitivo a una empresa de psicometría, se reciben las preguntas del test junto con las respuestas, así como las instrucciones para realizar el test de manera estándar. Pero los especialistas en psicología necesitan algo más. La puntuación que obtiene una persona en un test no significa nada a menos que contemos con alguna referencia sobre qué es una puntuación baja, alta y media. De ahí que los test vayan acompañados de un cuadernillo con las puntuaciones normativas, o «normas». Se trata de una serie de tablas que indican cómo encaja una puntuación determinada en las puntuaciones relevantes de la población. Lo habitual es que estén divididas por edades, ya que algunas puntuaciones de los test cambian con la edad (capítulo 2). Esto permite al especialista saber cómo realizó el test la persona examinada en comparación con sus iguales en edad. En general, las tablas de normas indican qué porcentaje de la población habría obtenido una puntuación mayor o menor que la persona examinada. Quienes hemos medido la altura de nuestros hijos y la hemos comparado con la media de la población de su misma edad, ya estamos familiarizados con este tipo de referencia a la norma.

James Flynn reparó en que las tablas de normas para los test de inteligencia debían cambiarse cada varios años. A medida que se incorporaban las nuevas generaciones, estas obtenían una puntuación demasiado elevada en los test en comparación con las personas que eran de su misma edad unos años antes. Los test parecían volverse cada vez más fáciles.

Una o dos generaciones después de que las empresas elaboraran las tablas de puntuaciones normativas, la persona «media» de una determinada edad de la generación más reciente obtenía una puntuación superior a la de la persona «media» de esa misma edad de la generación precedente. Por ejemplo, las personas veinteañeras examinadas en la década de 1980 obtenían mejores resultados en la misma prueba que las veinteañeras de la década de 1950. Las normas se quedaban anticuadas; Flynn las denominaba «obsoletas».

La reacción de las empresas creadoras de test de inteligencia frente a la obsolescencia de las normas de sus test consistía en «renormalizar» los test. Modificaban las tablas de normas para que con el paso del tiempo fuera más difícil obtener una puntuación que situara a una persona por encima de cualquier porcentaje dado de sus iguales en edad. Por ejemplo, la misma puntuación en un mismo test realizado, por decir algo, en 1950 y 1970 daría como resultado un CI más elevado en 1950 que en 1970. Pero la cuestión es aún peor. Supongamos que una persona realiza el test el último día que la institución examinadora utiliza las normas antiguas de ese test. Tras realizar el test, obtiene una puntuación de CI. El examinador consulta las tablas de normas y determina que la persona se ha quedado por encima de un determinado porcentaje de sus iguales en edad. Si esa misma persona realizara la misma prueba el primer día que se apliquen las normas nuevas –solo un día después–, esa misma puntuación la situaría mucho más abajo dentro de la tabla de porcentajes de la población; obtendría una puntuación inferior en CI. En realidad, las empresas creadoras de test no siempre modificaban las tablas de normas. La otra estrategia que adoptaban consistía en modificar el test para que hubiera que realizar uno más difícil para alcanzar el mismo nivel dentro de la escala de la población, es decir, el mismo CI.

En resumen, a medida que avanzaba el siglo XX, la puntuación de la población en algunos test de inteligencia muy conocidos iba mejorando en comparación con la obtenida por personas de la misma edad pertenecientes a generaciones anteriores. Como la media de altura había ido en aumento de generación en generación, empezamos a preguntarnos si también estaría aumentando la inteligencia.

En 1984, Flynn publicó unos resultados que alertaron a los especialistas que utilizaban el recurso de los test de inteligencia. Todo el mundo sabía que los test debían normalizarse de nuevo cada cierto tiempo, pero Flynn cuantificó el efecto y explicó sus consecuencias. Midió el efecto mediante una inteligente labor detectivesca psicológica. Buscó todos los estudios que pudo que hubieran sometido al mismo grupo de personas a dos test de CI diferentes cuyas normas se hubieran fijado al menos con seis años de diferencia; esta fue la clave. Entonces Flynn se preguntó: ¿cuáles serían los coeficientes intelectuales estimados de la muestra al compararlos con las primeras y las segundas normas? Para lograr mayor claridad, decidió analizar únicamente muestras de estadounidenses blancos. Encontró 73 estudios que reunían un total de 7.500 personas de edades comprendidas entre los 2 y los 48 años. Estos estudios incluían las escalas de Stanford-Binet y de Wechsler, que se cuentan entre las pruebas de inteligencia más utilizadas y mejor acreditadas.

Flynn descubrió que el coeficiente intelectual estimado de las personas era más elevado cuando se basaba en normas más antiguas al compararlo con las más recientes. Al examinar todas las muestras que reunió, el efecto se reveló bastante constante durante el periodo comprendido entre 1932 y 1978. A lo largo de ese periodo, la población blanca estadounidense había ganado más de 0,3 puntos de CI al año, unos 14 puntos de CI a lo largo de todo el intervalo. Hacia mediados del siglo XX, el CI de la población estadounidense experimentó un incremento considerable. Flynn señaló que «si dos test de Stanford-Binet o Wechsler se normalizaron en momentos diferentes, el test realizado tras la normalización podía ser fácilmente 5 o 10 puntos más duro que el anterior, y cualquier investigador que haya considerado ambas pruebas de una dificultad equivalente habrá ido mal encaminado [...] Tener en cuenta la obsolescencia en los test de inteligencia es tan esencial como tener en cuenta la inflación en el análisis económico». Al final de su primer estudio a gran escala sobre este asunto, James Flynn señaló tres aspectos que podían explicar las «ganancias masivas» que estaban logrando las sucesivas generaciones de estadounidenses en las puntuaciones de CI.

En primer lugar, cabía la posibilidad de que esta tendencia fuera un artificio. Tal vez las ganancias «no fueran reales, sino un artificio del error de muestreo». Es decir, cabía la posibilidad de que los grupos seleccionados para extraer la norma se fueran sesgando con el tiempo debido a la inclusión de personas más inteligentes. Es poco probable que esto suceda de un modo tan sistemático como para que todas las muestras normativas posteriores sean más brillantes que todas las precedentes. Aun cuando esta fuera una parte o la totalidad de la explicación, sigue haciendo incompatibles las puntuaciones de las versiones más antiguas y las más recientes de los test de CI.

En segundo lugar, el efecto podría deberse a la so-
fisticación de los test. Es posible que las generaciones
sucesivas no sean realmente más inteligentes, sino que
obtengan mejores puntuaciones en los test por alguna
razón que aún debemos averiguar. Tal vez haya ciertas experiencias, cambiantes con el paso del tiempo,
que preparan mejor a las personas para realizar test
de inteligencia. Tal vez se hayan filtrado las preguntas
de los test.

En tercer lugar, podría deberse a un incremento
real de la inteligencia. Si las diferencias en las puntuaciones obtenidas en los test representan un aumento
real de la inteligencia, resulta difícil de explicar. Flynn
trató de analizar la causa más probable: que las mejoras socioeconómicas explicaran los incrementos del
cociente intelectual entre generaciones. Sin embargo,
consideró poco creíbles las gigantescas alteraciones
que serían necesarias en los estándares de vida para
explicar todos los cambios en cuanto a CI.

El estudio «Ganancias masivas de CI en 14 países» de Flynn

En una revisión realizada tres años después de su primer estudio, James Flynn quiso identificar de un modo
más concluyente el origen del ascenso de las puntuaciones en CI. Amplió el campo más allá del ámbito
estadounidense y buscó ejemplos de puntuaciones de
test de CI que se hubieran reunido a lo largo de varias
generaciones. Él describió esa búsqueda del siguiente
modo: «El método utilizado para recopilar datos es
fácil de explicar. Se enviaron cuestionarios, cartas o
peticiones personales (a menudo una combinación de

las tres cosas) a todos los investigadores que se sabía que estaban interesados en tendencias del CI a través de correspondencia académica y el intercambio de publicaciones. Se contactó con 165 académicos de 35 países». Algunos de los datos más sólidos de Flynn procedían de muestras militares de aquellos países en los que casi toda la población masculina joven realizaba test de CI para ingresar en el servicio militar obligatorio. La figura 22 muestra algunos de los datos de Flynn.

Veamos la figura 22. El eje vertical a la izquierda de la gráfica representa una escala de CI. A lo largo de la parte superior aparecen algunos países de los que Flynn obtuvo datos de la calidad. Los datos más recientes de cada país se han fijado en una puntuación arbitraria de CI igual a 100; estos son los situados en la parte superior de cada una de las cinco líneas verticales. Un CI de 100 corresponde, según la definición arbitraria, al promedio de la población. En cada uno de los cinco países de la figura se habían realizado pruebas anteriores con la misma población. Los años que constan junto a las líneas verticales discontinuas indican cuánto más bajo era el CI de la población en las pruebas realizadas en años anteriores. Sobre cada línea vertical hay puntos acompañados de una fecha: estas fechas indican cuándo se realizaron los test de CI con esa población. El valor obtenido al prolongar estos puntos o fechas hasta la puntuación de CI que figura en el eje vertical izquierdo de la figura indica el CI promedio de la población en esa fecha, en comparación con la puntuación de 100 de la población que realizó los test en tiempos más recientes. Todas las ocasiones en que se realizaron estas pruebas deberían dar lugar a valores promedio en CI de 100, pero no es así. Cada vez que una población se examinó en una fecha anterior, el promedio obtenido en CI fue más bajo. El efecto que Flynn detectó por primera vez en la población estadounidense blanca se daba en otros países. Flynn tituló aquel artículo de 1987 «Massive IQ gains in 14 nations» [«Ganancias masivas de CI en 14 países»].

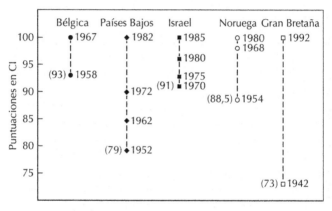

22. Son muchos los países que obtienen mejores resultados generación tras generación en los test de cociente intelectual.

Consideremos el caso de Países Bajos. Desde 1945, las Fuerzas Armadas neerlandesas han examinado a casi todos los hombres jóvenes del país de cuarenta de los sesenta ítems que conforman el test de matrices progresivas de Raven. Puesto que esta evaluación abarca a toda la población, casi no hay que preocuparse por la posibilidad de haber evaluado muestras sesgadas con una inteligencia mayor en años subsiguientes. Las matrices de Raven son un test de aptitud mental no verbal basadas en el razonamiento abstracto, y se consideran bastante buenas para valorar la inteligencia general. Flynn analizó estos datos y comunicó qué porcentaje de hombres jóvenes realizó bien más de veinticuatro de los cuarenta ítems del test. Estos porcentajes fueron:

31,2 % en 1952
46,4 % en 1962
63,2 % en 1972
82,2 % en 1981/1982.

Al ajustar las puntuaciones de 1982 a un CI promedio de 100, podemos trabajar hacia atrás y plantearnos la siguiente cuestión: ¿cuál fue la puntuación promedio en CI de las generaciones anteriores de acuerdo con el porcentaje de aprobados? La figura 22 revela que los jóvenes neerlandeses de 1972 tenían un CI promedio en torno a 90, los de 1962 de alrededor de 85 y los de 1952 inferior a 80. Una comprobación adicional de este incremento se obtuvo al comparar los resultados de más de 2.800 hombres examinados en 1981/1982 con los resultados obtenidos por sus padres cuando se examinaron en 1954. Los hijos sacaron 18 puntos más de cociente intelectual que sus padres examinados 27 años y medio antes. Por lo tanto, este desconcertante efecto se observa incluso en personas que mantienen una relación genética y que han vivido inmersas en la misma cultura, donde cabría esperar puntuaciones promedio en CI similares.

En la figura 22, los datos noruegos para casi el mismo periodo evidencian también ganancias para las generaciones posteriores, aunque menores que las neerlandesas. Los datos de las Fuerzas Armadas belgas revelan un incremento de 7 puntos en CI durante el periodo relativamente corto de 1958 a 1967. La población infantil de Nueva Zelanda subió una media de 7,7 puntos en CI entre 1936 y 1968 (datos no mostrados en la gráfica). En la figura se muestran otros dos conjuntos de datos del gran número de comparaciones que efectuó Flynn: la población israelí subió 11 puntos en CI a lo largo de los quince años que van desde 1970 hasta 1985. La población de Reino Unido pasó de un promedio en CI de 73 en 1942 a uno de 100 en 1992.

Ese incremento en Reino Unido ilustra bien el impacto si estos cambios respondieran a variaciones reales en los niveles de inteligencia. Comparado con el promedio de 100 en 1992, el promedio de la población en 1942 se situaría casi en un nivel indicativo de una discapacidad de aprendizaje significativa en una persona promedio. Esto me hace ser escéptico sobre la posibilidad de que estos incrementos en la puntuación en CI reflejen una capacidad cerebral mejorada.

Resumamos a partir de los datos que extrajo Flynn de muestras procedentes de catorce países. En una sola generación (en treinta años de diferencia) encontró ganancias de CI de entre 5 y 25 puntos, con un promedio de 15. Estos datos representan descubrimientos sorprendentes de algunos cambios culturales en las puntuaciones obtenidas en los test de inteligencia, y plantean un desafío para la investigación en este campo de estudio.

Una sorpresa oculta en el «efecto Flynn» del aumento de las puntuaciones en CI es que la tendencia suele ser más acusada en los test independientes de la cultura. Los cocientes intelectuales aumentan de forma más acusada en aquellos test cuyos ítems no son fáciles de aprender. Por ejemplo, las matrices progresivas de Raven se cuentan entre las pruebas que manifiestan mayores ganancias a través de las generaciones. Sin embargo, las matrices de Raven consisten en hallar la respuesta correcta para completar un patrón abstracto. No hay palabras, ni números, ni nada en realidad que pueda enseñarse para que la generación más reciente las realice mejor que la anterior. La revisión que efectuó Flynn de sus inmensos conjuntos de datos confirmó esto:

> El consenso sobre la relevancia de las ganancias generacionales en CI depende, por tanto, de si se manifiestan en test independientes de la cultura como el de Raven. Estos test maximizan la resolución de problemas y minimizan la necesidad de contar con capacidades más específicas y de conocer palabras y símbolos. [Hay] datos sólidos de ganancias masivas en test independientes de la cultura: Bélgica, Países Bajos, Noruega y Edmonton manifiestan ganancias que van de 7 a 20 puntos a lo largo de periodos de 9 a 30 años; cuando los índices de ganancia se multiplican por 30 años, apuntan a que la generación actual ha ganado entre 12 y 24 puntos en este tipo de test. Los datos provisionales de otros países concuerdan plenamente. Esto resuelve la cuestión que nos ocupa: las ganancias en CI desde 1950 reflejan un incremento masivo de la capacidad para la resolución de problemas y no un mero aumento en el conjunto de los conocimientos aprendidos.

El efecto Flynn está bien comprobado. El interés que ha suscitado desde finales de la década de 1980 y el hecho de que cuente con un epónimo como designación evidencian su relevancia. La Asociación Estadounidense de Psicología dedicó todo un encuentro a este asunto y publicó un libro en el que numerosos expertos buscaron darle explicación. Es fácil, y exacto, resumirlo diciendo que los expertos se sentían estupefactos. Hay dos grandes interpretaciones para el efecto Flynn.

La primera consiste en aceptar que el efecto Flynn es real y que indica una mejora verdadera de la capacidad cerebral en las generaciones sucesivas a lo largo del siglo XX. Quienes defienden esta postura esgrimen que encontramos un buen paralelismo en la altura. La estatura humana ha aumentado en el transcurso del siglo, probablemente como resultado de la mejora de la nutrición y de la salud general, por tanto, ¿por qué no habría de ocurrir lo mismo con la inteligencia? Flynn no coincide con esta interpretación. Él calculó que en lugares como Países Bajos y Francia, donde se ha producido un gran aumento del cociente intelectual con el paso de las generaciones, las aulas deberían contar ahora con un 25 % de personas superdotadas y haber multiplicado por sesenta la cantidad de alumnado con mentes geniales: «Esto debería dar como resultado un renacimiento cultural demasiado grande como para pasarlo por alto». Flynn buscó en publicaciones francesas y neerlandesas, sobre todo las relacionadas con la enseñanza y la educación, desde finales de la década de 1960 hasta la actualidad, y no encontró ninguna mención a un incremento considerable de los logros intelectuales de las nuevas generaciones.

La segunda interpretación sostiene que el efecto Flynn es un artificio. Defiende que no es que la gente sea más inteligente, sino que está más familiarizada con los materiales que conforman los test cognitivos. Los juguetes infantiles, las revistas, los juegos, los programas de televisión, etc., contienen a menudo elementos con unas características similares a las de los test de inteligencia, de modo que la población obtiene mejores resultados en estas pruebas cuando se topan con ellas. El efecto Flynn se producía ya en gran medida antes del empleo de ordenadores o computadoras en la vida cotidiana, de modo que no son la causa de la mejora de los resultados obtenidos en los test de inteligencia.

Flynn enfatizó lo siguiente sobre su efecto: no compromete la validez de las puntuaciones obtenidas en los test cognitivos dentro de cada generación. A pesar del «incremento masivo» de las puntuaciones obtenidas en los test de inteligencia a lo largo del tiempo, estas conservan su fiabilidad, su capacidad para predecir el éxito académico y laboral, pero solo en el seno de cada generación. El efecto Flynn no pone en duda la contribución genética a las puntuaciones obtenidas en los test de inteligencia descritas en el capítulo 4. De forma análoga, la estatura ha seguido dependiendo en gran medida de la herencia a pesar del incremento de su promedio en las poblaciones. El punto clave es que hubo algo en el entorno o la cultura de muchos países durante los años centrales del siglo XX que incrementó considerablemente las puntuaciones obtenidas en las pruebas de capacidad cognitiva. Muchos estudiosos creen que tuvo que ser el entorno, porque algunas de las muestras intergeneracionales analizaron a padres e hijos.

Flynn señaló un aspecto determinante al pedirnos que reflexionáramos sobre el hecho de que nacer con alrededor de una generación de diferencia puede suponer una diferencia de 15 puntos en CI. No tenemos una buena explicación de las causas de este cambio;

es un misterio en toda regla. Dado que no logró encontrar ninguna prueba de la genialidad de la generación actual frente a las generaciones precedentes, la opinión de Flynn fue que los test de CI, como el de Raven, no miden la inteligencia, sino tan solo alguna correlación de la misma que él denominó «capacidad para resolver problemas abstractos». Es más, insistió en que las diferencias en esta destreza son de 15 puntos entre generaciones sucesivas, y que han de deberse a algún factor relacionado con el entorno. Él concluyó que las diferencias en las pruebas de CI no se pueden emplear para establecer comparaciones fiables entre la inteligencia de generaciones distintas o de diferentes grupos culturales. Tal vez lo más importante de todo, señaló él, es que el efecto Flynn podía convertirse en una cuestión de vida o muerte, pues la puntuación obtenida en CI era uno de los criterios para decidir si un asesino declarado culpable podía ser ejecutado o no en Estados Unidos.

«Un siglo de ganancias en CI general»

Los artículos de Flynn de 1984 y 1987 se han convertido en clásicos, con una cantidad descomunal de trabajo en su haber. Alertaron a especialistas en el estudio de la inteligencia sobre un problema general, y han servido de estímulo para numerosas investigaciones e ideas. Sin embargo, los datos de Flynn eran orientativos –y, en mi opinión, convincentes– más que sistemáticos y definitivos. No constituían un metaanálisis, y probablemente no constituyeran ni tan siquiera un estudio sistemático. Jakob Pietschnig y Martin Voracek dirigieron un metaanálisis del efecto Flynn.

Efectuaron una búsqueda sistemática en la literatura científica y encontraron 219 estudios relevantes sobre el efecto Flynn. Había 271 muestras diferentes con un total de casi cuatro millones de personas. Las muestras procedían de 31 países de África, Asia, Australasia, Europa y América del Norte y del Sur. Las pruebas se efectuaron entre 1909 y 2013, es decir, abarcaban un periodo de más de un siglo. El 70 % de los participantes en las muestras era menor de 17 años en el momento de realizar la prueba, y el 90 % era menor de 40 años. Casi el 70 % eran muestras de personas sanas. No entraré a comentar todos los detalles, pero había cinco tipos de diseños de estudio que permitían buscar el efecto Flynn; los dos primeros fueron: utilizar el mismo test de inteligencia en dos grupos demográficos similares en años diferentes; y dar la versión original y una versión revisada del mismo test a una muestra de personas.

La figura 23 plasma los resultados de Pietschnig y Voracek. A lo largo del eje inferior se indican los años en que se realizaron las pruebas cognitivas. En el eje vertical de la izquierda consta la variación de las puntuaciones en CI con el paso del tiempo. Hay una línea para el CI general «en escala completa», y líneas para los CI fluidos y cristalizados que se describieron en el capítulo 2. Hay una línea para el CI espacial. Las puntuaciones del primer año disponible para cada tipo de CI se fijan en una línea de base de cero. Si se parte de un año y se sube hasta una línea determinada y después se va desde ese punto de la línea hasta el eje vertical de la izquierda, se ve cuánto ha aumentado el CI ese año. Antes de hacerlo, basta con fijarse en que todas las líneas siguen una trayectoria ascendente desde la parte inferior izquierda hasta la superior derecha. Flynn tenía razón: en todo el mundo, las puntuaciones obtenidas en los test de inteligencia por generaciones posteriores son más altas que las de generaciones precedentes. El siglo analizado aquí muestra un incremento de entre 20 y 30 puntos; tal como escribió Flynn hace décadas, se trata de ganancias masivas.

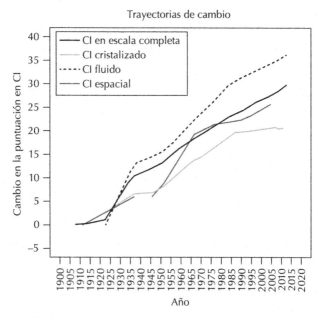

23. Aumentos en las puntuaciones de CI en varios tipos de test de inteligencia desde 1909 hasta 2013.

Pietschnig y Voracek detectaron un incremento medio en CI de 2,8 puntos cada diez años. El aumento de la inteligencia fluida era mayor (4,1 puntos por década) que el de la inteligencia cristalizada (2,1 puntos por década). Los test de matrices (véase la figura 2) son un ejemplo de test de «coeficiente intelectual fluido». Los test de vocabulario son un tipo de test para valorar la inteligencia cristalizada. A ellos les pareció detectar que las ganancias en CI se frenaron durante la Segunda Guerra Mundial, y consideraron que podía deberse en parte a una nutrición bastante pobre en algunos países. También detectaron una desaceleración de las ganancias en CI en las décadas más recientes, a partir de los años 70 del siglo xx.

Dedicaron mucho tiempo a discutir las posibles causas del efecto Flynn. Estudiaron la posibilidad de que sus datos contribuyeran a determinar las causas más probables, pero hallaron pocos datos convincentes. Consideraron que había algún indicio de que parte del efecto se explica porque la población pasó a tener más años de escolarización a tiempo completo y debido a la mejora del sistema educativo. Repararon en que los ordenadores y otros medios de comunicación no estaban disponibles en gran medida durante el periodo analizado y, por tanto, una causa probable no podía ser el acceso a una tecnología capaz de entrenar las dotes para el razonamiento. No detectaron signos convincentes de que la reducción del tamaño de las familias con el paso del tiempo supusiera una gran contribución. Se mostraron bastante a favor de que parte del efecto Flynn pudiera explicarse por la mayor disposición de las generaciones a acertar en determinados tipos de test de inteligencia. Otros factores que creían que podían explicar en parte el aumento del cociente intelectual de las generaciones más nuevas eran una exposición menor al plomo (de la pintura y el agua, por ejemplo), la mejora de la nutrición y un menor estrés por exposición a patógenos (por ejemplo, de las enfermedades infecciosas). También mencionaron mejoras de fondo en cuanto a prosperidad económica.

Otra idea que consideraron Pietschnig y Voracek fue una que se le ocurrió al propio Flynn unos años después de sus descubrimientos. Se conoce como multiplicadores sociales. La idea es que pequeñas ventajas iniciales de aptitud –tal vez condicionadas por diferencias genéticas, tal vez por entornos más favorables– conducen a un mejor rendimiento, lo que a su vez genera un entorno más favorable. Es decir, si alguien obtiene buenos resultados en algo será «catalogado» como bueno y recibirá, o tendrá opción a, una instrucción y una práctica adicionales, tal vez con mejores materiales y circunstancias que otras personas. De modo que un entorno más propicio produce incrementos positivos en el rendimiento, lo que a su vez genera entornos aún mejores. Y así sucesivamente: se multiplica. Las pequeñas ventajas iniciales pueden multiplicarse hasta convertirse más tarde en diferencias inmensas de rendimiento mediante estos circuitos de retroalimentación. Esto podría suceder a una escala que abarque toda la población si las sociedades deciden centrarse más en el rendimiento cognitivo. Esta idea no se ha comprobado de manera directa.

La mayoría de estas ideas (hubo al menos doce de ellas) sobre las posibles causas del efecto Flynn acaba llegando a la misma conclusión: lo más probable es que, en el mejor de los casos, solo expliquen una parte del efecto; hay pocos signos directos de ellas y son difíciles de demostrar o de comprobar. Pietschnig y Voracek reconocieron que algunas de las causas pueden llegar a saturarse, lo que explicaría la estabilización del efecto Flynn que se ha notificado en tiempos recientes, por ejemplo, en datos noruegos.

Creo que vale la pena repetir dos de los comentarios que figuran al final del largo artículo de Pietschnig y Voracek. Creo que parte del efecto Flynn no es real. Como señalan estos autores, «La cuestión sigue siendo si la parte de las ganancias en CI para las que no encontramos explicación a través de conjeturas [o de otros detalles sofisticados sobre los test, etc.], refleja en verdad ganancias verdaderas». Y también: «Sería difícil defender que el aumento actual de unos 30 puntos en CI a lo largo del último siglo indica que una persona media nacida a principios del siglo XX tenía en realidad un CI ajustado en 70 y que, por tanto, de acuerdo con las clasificaciones actuales, tenía alguna discapacidad de aprendizaje».

Creo que el efecto Flynn sigue siendo tan misterioso en cuanto a su origen como lo ha sido siempre, aunque ahora su existencia está mejor demostrada. Tal vez al lector le apetezca reflexionar sobre el efecto Flynn y sus causas, entre otras cosas porque es posible que algunas ideas nuevas sobre este asunto brinden a los especialistas en psicología un punto de apoyo para abordar un problema resbaladizo. Si se convocara un premio dentro del campo de la investigación de la inteligencia humana, debería destinarse a la persona capaz de explicar el efecto Flynn del incremento del cociente intelectual.

10
¿Coinciden los especialistas en psicología sobre las diferencias de inteligencia?

Las personas legas en la materia pero interesadas en ella no tienen fácil cribar los datos bien confirmados en relación con las diferencias de inteligencia entre seres humanos. Algunas interpretaciones representan un extremo o el contrario en la defensa de los test de CI. Los medios de comunicación suelen reflejarlo cuando solo dan voz a un lado del debate, o a ambos extremos, o cuando se limitan a informar sobre el intercambio de descalificaciones. Fue necesario que se armara un gran revuelo para que los psicólogos se dieran cuenta de que existe un amplio consenso sobre muchos descubrimientos de la investigación en relación con la inteligencia humana. El informe resultante de la Asociación Estadounidense de Psicología (APA, por sus siglas en inglés) fue uno de los documentos más útiles sobre la investigación en inteligencia que estuvo a disposición de personas no especialistas. El informe tiene un cuarto de siglo en el momento en que escribo esto, y en su mayoría sigue teniendo validez y constituye un buen manual de partida.

La curva de campana

Más adelante veremos ese informe de la APA, pero antes de nada nos centraremos en el gran revuelo. A mediados de la década de 1990 se publicó un libro titulado *The Bell Curve* [«La curva de campana»] (figura 24), de Richard Herrnstein (fallecido el mismo mes en que apareció el libro) y Charles Murray, que reconfiguró las reglas de la distribución de libros académicos. A pesar de tener casi 900 páginas, de las que casi 300 eran análisis estadísticos, prolijas notas a pie de página y referencias a revistas académicas, vendió cientos de miles de ejemplares en Estados Unidos. Trasladó a las páginas de periódicos y revistas la mayoría de las discrepancias existentes en relación con las diferencias en inteligencia humana. Provocó un gran revuelo en el mundo occidental (al menos) y dentro de la comunidad investigadora en psicología sobre la repercusión que tienen las diferencias en cuanto a capacidad mental sobre el destino de las personas. La obra se atrevió a considerar las puntuaciones en CI para predecir resultados sociales y políticas sociales. Una parte especialmente controvertida del libro guardaba relación con diferencias étnicas. La controversia resultante alertó a las asociaciones profesionales de psicólogos: si la opinión pública estaba debatiendo sobre diferencias en cuanto a inteligencia, ¿no habría que dotarla de algunos datos en buena medida incuestionables que sirvieran de base para comentar el contenido de la obra *The Bell Curve*?

Yo leí *The Bell Curve* en medio de la gran controversia que generó al publicarse. El libro es una mezcla de evaluaciones de la bibliografía existente por entonces sobre inteligencia y política social, de numerosos aná-

"Our intellectual landscape has been disrupted by the equivalent of an earthquake."
MICHAEL NOVAK, NATIONAL REVIEW

THE BELL CURVE

Intelligence and Class Structure in American Life

The Controversial New York Times Bestseller

RICHARD J. HERRNSTEIN
CHARLES MURRAY

With a New Afterword by Charles Murray

24. Cubierta de la obra *The Bell Curve*.

lisis empíricos novedosos del Sondeo Longitudinal Nacional sobre Juventud de 1979 (una muestra que vimos en los capítulos 3 y 8), y de opiniones y recomendaciones sobre política social. Aunque demostró ser una vía inesperada para hacer dinero, me pareció una oportunidad perdida para el mundo académico. En la segunda parte de la obra (páginas 127 a 266 de mi edición) –titulada «Cognitive classes and social behavior» [«Clases cognitivas y comportamiento social»] había una serie de análisis en los que solo se incluía la población blanca no hispana del sondeo de 1979. Herrnstein y Murray analizaban las asociaciones entre las puntuaciones obtenidas en test de inteligencia por la población adulta joven (hacia el final de la adolescencia y comienzos de la veintena) y los resultados sociales subsiguientes a principios de la treintena: pobreza, escolarización, desempleo, traumatismos o lesiones, cuestiones familiares, dependencia de servicios sociales, paternidad, delincuencia y civismo y ciudadanía. Asimismo comprobaban si las puntuaciones obtenidas en los test de inteligencia eran mejores para predecir esos resultados vitales que el nivel socioeconómico de los progenitores. De modo que se plantearon lo siguiente: ¿predicen mejores resultados educativos, una posición social más elevada y, posiblemente, comportamientos más sociales en la treintena, las puntuaciones más altas obtenidas en test de inteligencia efectuados a partir de los 20 años? La respuesta fue: sí. Después se preguntaron si eso se veía favorecido (o frustrado) por el nivel socioeconómico de los padres; la mayoría de las veces no era así.

En mi opinión, estos análisis de la segunda parte de la obra tendrían que haberse publicado en una revista científica. Eran resultados relevantes y merecían pasar por el rigor de una revisión por pares. Eso habría evitado que se perdieran en medio de las reacciones que desencadenó la obra, las cuales dieron lugar a numerosos libros y artículos –legos y científicos– criticando su contenido. Sin embargo, el hecho de que yo considere que los resultados de la segunda parte de Herrnstein y Murray deberían haberse publicado por otra vía no significa que los autores de *The Bell Curve* presentaran mal los datos que figuran ahí. Rara vez se ven análisis estadísticos tan completos, descritos con tanta claridad y tan bien ilustrados. Al final del libro hay un apéndice de treinta páginas con los resultados extraídos de los análisis estadísticos de la parte II, por si alguien desea comprobarlos. Por tanto, estos autores dedicaron un esfuerzo inusual a presentar su trabajo y describir sus análisis y resultados de un modo comprensible para el público general. Yo todavía recomiendo echar una ojeada a la parte II de *The Bell Curve*.

A pesar de esta recomendación, intentar decir «Échele un vistazo a la parte II de *The Bell Curve*. Hay algunos análisis interesantes sobre si la inteligencia predice o no resultados importantes en la vida», es como intentar susurrar a la multitud que se calle durante los últimos ocho segundos del primer cuarto del partido de fútbol americano celebrado el 29 de septiembre de 2014 en la instalación Arrowhead de Kansas City, cuando se batió el récord Guinness por ruido en un estadio. Si Herrnstein y Murray hubieran publicado los análisis de la segunda parte de su obra en una revista científica revisada por pares, es posible que esos resultados hubieran recibido más reseñas críticas positivas en lugar de perderse en medio de la controversia que siguió a la publicación del libro. Pero, aunque no lo hicieron, podemos apelar al refrán de que no hay mal que por bien no venga, porque la polémica dio lugar al menos a una respuesta muy positiva.

Grupo de trabajo sobre lo que se sabe y lo que no sobre inteligencia

Esta fue la respuesta que acabo de comentar. La Asociación Estadounidense de Psicología decidió que tenía el deber de dejar constancia de algunos descubrimientos sobre las diferencias en cuanto a inteligencia humana que concentraban un amplio consenso entre la comunidad de especialistas en psicología. Su Consejo de Asuntos Científicos (BSA) nombró un Grupo de Trabajo para recopilar lo que la investigación sabía y no sabía sobre las diferencias en cuanto a inteligencia humana. Mi intención con este capítulo es mostrar que el informe elaborado por este grupo de trabajo sigue siendo, en su mayor parte, un resumen muy útil y objetivo sobre este tema. Añade variaciones a las cuestiones planteadas en el presente libro y es una buena lectura adicional.

El informe del Grupo de Trabajo de la APA expuso de un modo exhaustivo y conciso, accesible al gran público, lo que se sabe y lo que no se sabe acerca de las diferencias en inteligencia humana (CI). El informe se presentó así:

En el otoño de 1994, la publicación del libro de Herrnstein y Murray desencadenó una nueva oleada de debates sobre el significado de los resultados obtenidos en los test de inteligencia y la naturaleza de la inteligencia. El debate se caracterizó por afirmaciones tajantes y por sentimientos exaltados. Por desgracia, aquellas afirmaciones revelaban a menudo graves malentendidos sobre lo que se ha demostrado (y no) con la investigación científica en este campo. Aunque ahora es mucho lo que se sabe, sigue habiendo problemas que en muchos casos aún no se han resuelto. Otro aspecto desafortunado de la controversia fue que muchas de las personas que participaron en ella apenas se esforzaron en diferenciar las cuestiones científicas de las políticas. A menudo, los resultados de la investigación se valoraron no tanto por sus logros o por su calidad científica [véase lo que acabo de comentar sobre la segunda parte del libro] como por sus supuestas implicaciones políticas. En medio de un ambiente así, es difícil que las personas que quieran extraer sus propias conclusiones sepan qué creer.

Ulric Neisser, ya fallecido y por entonces profesor de psicología de la Universidad de Emory, fue nombrado director del Grupo de Trabajo. Otros miembros se eligieron mediante un amplio proceso consultivo cuyo objetivo fue que representara gran diversidad de conocimientos y opiniones. Entre ellos figuraban personas nombradas por la Junta de la APA para el Avance de la Psicología por el Interés Común, el Comité de Pruebas y Evaluaciones Psicológicas, y el Consejo de Representantes. Las desavenencias se resolvieron mediante debates. El informe final contó con el apoyo unánime de todo el Grupo de Trabajo.

Es difícil sobrevalorar la importancia de este Grupo de Trabajo para una comunicación más amplia del estudio y el discernimiento de las diferencias de inteligencia entre personas. Ulric Neisser era uno de los investigadores de la psicología más conocidos del mundo. Fue el padre de la psicología cognitiva, que es la rama que estudia los procesos mentales. Era un estudioso muy respetado que no había mantenido ninguna relación previa con los test de inteligencia, y se supone que no era un tema que le interesara. Era de esperar que la diversidad de expertos del grupo entablara debates encendidos y mordaces en lugar de coincidir en algo. Había investigadores muy conocidos del campo de los estudios genéticos y ambientales de la inteligencia (Thomas Bouchard y John Loehlin), y de un enfoque más ambiental (Stephen Ceci). Había personas con una visión más amplia de la inteligencia como, por ejemplo, Nathan Brody, quien había brindado a sus compañeros de la academia un resumen desapasionado del campo de las diferencias de inteligencia en un libro. Estaba Robert Sternberg, cuyas teorías sobre las diferencias de inteligencia van mucho más allá y a veces discrepan de las concepciones típicas de la aptitud cognitiva que figuran encapsuladas en los test de CI. Había representantes del Servicio de Pruebas Educativas de Estados Unidos (Gwyneth Boodoo) y personas interesadas en la formación académica de grupos minoritarios (A. Wade Boykin), en diferencias entre sexos (Diane Halpern) y en pruebas aplicadas a resultados profesionales (Robert Perloff). En resumen, la asociación psicológica tal vez más influyente del mundo reunió a varias mentes respetadas y de opiniones diversas para encomendarles la elaboración de una presentación clara y unánime sobre algunos aspectos conocidos y desconocidos de las diferencias en cuanto a inteligencia humana.

A continuación se ofrece una guía de los contenidos que figuran en el informe del Grupo de Trabajo en la que he señalado los lugares donde constan cuestiones planteadas en este libro. El informe de la APA no ofrece referencias a estudios y datos reales, como he hecho yo en este libro, sino que proporciona una fuente complementaria de información sobre diferencias de inteligencia.

El Grupo de Trabajo de la APA y las distintas nociones de inteligencia

El primer tema que abordó el Grupo de Trabajo fue la cuestión clave de a qué se refieren los psicólogos cuando hablan de inteligencia. Coincidieron en que el término abarca numerosos aspectos del funcionamiento mental y su eficiencia relativa, pero «al pedir en tiempos recientes a dos docenas de teóricos notables que definieran la inteligencia, dieron dos docenas de definiciones un tanto distintas [...] Estas discrepancias no deben causarnos consternación. La investigación científica rara vez parte de definiciones totalmente consensuadas, aunque pueda dar lugar a ellas».

Lo que sí reconocieron fue que la principal concepción de las diferencias de inteligencia está comprendida en lo que se denomina el enfoque psicométrico. Psicométrico significa medición aplicada a aspectos de la mente. Ese es el enfoque que aborda este libro, y es el campo de investigación que se asocia con la idea del estudio de la inteligencia mediante test y las puntuaciones que estos producen. Como vimos en el capítulo 1, los test para medir la capacidad cognitiva comprenden una gama amplia de competencias mentales. Pero, además, el Grupo de Trabajo de la APA reconoció la existencia de concepciones de la inteligencia que destacan aspectos de la capacidad mental que no están contemplados en los típicos test de CI. Es decir, lo que se evalúa en las pruebas de capacidades mentales (de inteligencia) no es en absoluto todo lo que el cerebro humano es capaz de hacer. El informe del Grupo de Trabajo analizó una variedad amplia de concepciones de la inteligencia que intentan trascender la concepción de las capacidades mentales centrada en el CI.

El Grupo de Trabajo de la APA y los test de inteligencia y sus correlaciones

Este apartado del informe del Grupo de Trabajo plantea la pregunta de si las puntuaciones obtenidas en los test cognitivos están relacionadas con algo más. Podemos medir algún aspecto del funcionamiento mental y descubrir que algunas personas obtienen mejores puntuaciones que otras; sin embargo, no podemos afirmar con total honestidad que las puntuaciones de los test deriven de alguna definición previa de inteligencia. A diferencia de la altura o la presión arterial, no existe una escala que vaya de cero a algún otro valor. La medición de las capacidades mentales no refleja aspectos conocidos del funcionamiento del cerebro. Puede parecer que las tareas cognitivas implicadas en los test de inteligencia miden la eficiencia en ciertas competencias mentales, pero ¿por qué habrían de interesarnos? Tal vez por tres razones.

En primer lugar, si las diferencias en las puntuaciones obtenidas en test cognitivos se mantienen bastante estables a lo largo de la vida de una persona, entonces se habrá tenido en cuenta algún aspecto que concuerda en parte con la capacidad mental humana. Esto se trató en el capítulo 2 de este libro, y el informe del Grupo de Trabajo incluye un resumen útil de otros estudios coincidentes en este campo.

En segundo lugar, si las puntuaciones de los test cognitivos permiten predecir algunos aspectos de la vida humana que son independientes de los materiales del test, entonces tienen una relevancia más amplia que su mero contenido superficial. Los ámbitos de la vida a los que suelen aplicarse los test de este tipo son el laboral, el académico y el sanitario. Estas cuestiones suelen guardar relación con la capacidad de los test cognitivos mentales para servir de ayuda en procesos de selección y de predicción. El informe del Grupo de Trabajo de la APA discutió las asociaciones entre las puntuaciones obtenidas en test de inteligencia y el rendimiento escolar, los años de formación académica, el rendimiento laboral y resultados sociales más amplios, como el crimen y la delincuencia. Algunas de estas asociaciones –formación académica y selección para ocupar un puesto de trabajo– se describen en el capítulo 7 de este libro. En el momento en que el Grupo de Trabajo redactó su informe, la epidemiología cognitiva no había comenzado, y apenas se entendían por entonces las asociaciones entre las puntuaciones obtenidas en test de inteligencia y los resultados en salud y la mortalidad; véase mi capítulo 8.

En tercer lugar, hay otro aspecto de las correlaciones de las puntuaciones de los test de inteligencia que tiene que ver con el origen de las diferencias en las puntuaciones. Es decir, ¿podemos descubrir algo sobre el funcionamiento del cerebro que guarde relación con las diferencias en las puntuaciones obtenidas en los test cognitivos? Si fuera posible, y si algunas de las diferencias en las puntuaciones obtenidas en estos test estuvieran relacionadas con aspectos del procesamiento del cerebro, entonces estaríamos en unas condiciones mejores para entender de qué manera las diferencias cerebrales generan diferencias en cuanto a capacidades mentales. El informe del Grupo de Trabajo de la APA analizó cómo se correlacionan las puntuaciones en los test de inteligencia con elementos de la cognición, el tiempo de reacción, el tiempo de inspección y aspectos de la función neurológica. En los capítulos 5 y 6 presenté algunos de estos aspectos, supuestamente los más sencillos, de la función y la estructura del cerebro, así como sus asociaciones con las puntuaciones obtenidas en pruebas cognitivas.

El Grupo de Trabajo de la APA y las contribuciones genéticas y del entorno a la inteligencia

El informe del Grupo de Trabajo de la APA valoró las pruebas existentes sobre las contribuciones genéticas y del entorno a las diferencias de inteligencia. Su informe entra en más detalles y abarca más estudios y temas que los que he expuesto yo relacionados con hermanos gemelos y adopciones, aunque se elaboró antes de que se concibieran o se pudieran efectuar estudios GWAS basados en el ADN (capítulo 4). Con respecto al entorno, los miembros del Grupo de Trabajo coincidieron en que uno de los descubrimientos más enigmáticos de los últimos años fue la subida de las puntuaciones obtenidas en los test de CI de generación en generación, lo que se conoce como el efecto Flynn (explicado aquí en el capítulo 9).

El Grupo de Trabajo de la APA y las diferencias grupales en cuanto a inteligencia

El último tema que abordó el Grupo de Trabajo de la APA fue el de las diferencias de inteligencia a una escala grupal. Estos «grupos» estaban basados en los sexos y los grupos étnicos. En el capítulo 2 describí algunas diferencias de inteligencia entre ambos sexos. Recomiendo leer el tratamiento que dio el Grupo de Trabajo a la controvertida cuestión de las diferencias étnicas, que fue uno de los temas que suscitaron más polémica en relación con el libro *The Bell Curve*.

Conclusiones del Grupo de Trabajo de la APA

Finalizo este resumen del informe del Grupo de Trabajo de la APA enumerando algunos de los temas relacionados con la inteligencia que aún quedan por resolver, o que siguen siendo un misterio, después de casi un siglo de investigación en este campo. He aquí algunas de las incógnitas a las que se enfrentan los estudiosos de la inteligencia según el informe del Grupo de Trabajo, el cual los presentó como desafíos para la investigación futura:

1. Los genes ejercen cierta influencia sobre la inteligencia, pero no se sabe de qué naturaleza exacta.
2. Se desconoce qué aspectos del entorno repercuten en la inteligencia.
3. No está claro cómo afecta la nutrición a la inteligencia.

4. No se sabe por qué las puntuaciones de los test de inteligencia se correlacionan con mediciones más simples del rendimiento humano (véase mi capítulo 5).

5. No existe una explicación satisfactoria de por qué las puntuaciones en los test de inteligencia aumentan con las generaciones sucesivas.

6. Se desconocen las razones de las diferencias entre diversos grupos en las puntuaciones de los test de inteligencia.

7. Se sabe muy poco sobre las importantes capacidades humanas que no se evalúan en los test de inteligencia (creatividad, sabiduría, sentido práctico, sensibilidad social).

Muchos años después de la elaboración del informe del Grupo de Trabajo de la APA, sabemos algo más (aunque no lo suficiente) sobre solo una de las incógnitas recién mencionadas, y el resto sigue sin resolverse.

Resumen de algunas investigaciones sobre inteligencia posteriores al Grupo de Trabajo de la APA

Para efectuar un seguimiento del informe del Grupo de Trabajo de la APA, recomiendo un artículo de Richard Nisbett y sus colaboradores, aunque los expertos implicados no se sometieran al mismo proceso de selección. Estos autores se asocian más a menudo con una postura crítica con los test de inteligencia y más interesada en las contribuciones del entorno a las diferencias de inteligencia. Sin embargo, cubren muchas investigaciones interesantes y, a pesar de lo que acabo de exponer, declaran lo siguiente al comienzo de su artículo:

> La medición de la inteligencia constituye uno de los logros más trascendentales de la psicología y uno de los más controvertidos. Las voces críticas se quejan de que no hay un solo test capaz de abarcar la complejidad de la inteligencia humana, de que cualquier medición es imperfecta, de que ninguna está completamente libre de sesgos culturales, y de que cabe la posibilidad de que se haga un mal uso de las puntuaciones obtenidas en los test de inteligencia. Todas estas críticas tienen cierta razón de ser. Pero nosotros replicamos que la medición de la inteligencia –que se ha efectuado sobre todo mediante test de CI– tiene utilidad porque permite predecir bastante bien las calificaciones académicas, el rendimiento laboral y muchos otros aspectos para triunfar en la vida [...] las puntuaciones de los test de inteligencia siguen siendo útiles cuando se aplican de una manera meditada y transparente.

El artículo incluye las contribuciones del entorno a las diferencias de inteligencia. Por ejemplo, los autores discuten si la lactancia materna aumenta la inteligencia del bebé. Esta cuestión es difícil de dilucidar, ya que algunos estudios han descubierto que una parte de la ligera asociación que existe entre la lactancia materna y la inteligencia del bebé se debe a (o se confunde con) la puntuación de la madre en los test de inteligencia. Dicho con más claridad, algunos estudios sostienen que las mujeres con puntuaciones más altas en los test de inteligencia tienen hijos con puntuaciones más altas en esos mismos test, y también tienen una tendencia mayor a alimentarlos con leche materna. La cuestión no está resuelta. Hay muy buenas razones para defender la lactancia materna, pero no es nada seguro que sirva para incrementar el cociente intelectual del bebé. Nisbett menciona resultados interesantes que revelan que la adopción de niños en hogares más favorecidos socialmente va asociada a un incremento de las puntuaciones obtenidas en los test de inteligencia. También se debate si una formación académica más elevada incrementa la inteligencia.

Creo que el informe de Nisbett es menos autoritario y menos imparcial que el de Neisser. Sin embargo, ofrece una actualización de muchos de los temas tratados en el informe del Grupo de Trabajo de la APA, y presenta puntos de vista que vale la pena difundir sobre muchos aspectos de la investigación sobre la inteligencia. Sugiero leerlo junto con el estudio sobre la investigación de la inteligencia que publiqué yo mismo ese mismo año en la *Annual Review of Psychology*. Este último es un complemento más que una alternativa al informe de Nisbett. Abarca muchos de los temas que se abordan en el presente libro y porta muchas más referencias a estudios individuales.

Despedida e invitación a leer más…

Bueno, confío en que algunas de mis «diez cosas bastante interesantes sobre los resultados de los test de inteligencia» hayan sido interesantes. Una de las razones por las que elegí la opción de dar prioridad a los descubrimientos más sólidos es que no me parece óptimo comenzar por las controversias históricas sobre la inteligencia para después ir llegando poco a poco a algunos descubrimientos decentes que empiezan a producirse. Este enfoque es bastante habitual, pero no creo que sea útil para ofrecer una introducción a lo que se sabe sobre la materia a partir de datos más recientes; el Grupo de Trabajo de la APA adoptó un punto de vista similar. La historia de la inteligencia y de los test de inteligencia es interesante y a veces hasta conveniente. He escrito sobre algunos aspectos históricos de la inteligencia, como la velocidad de procesamiento. Sin embargo, también podemos reunir conocimientos útiles sobre la inteligencia y sus diferencias a partir de datos modernos de calidad sin necesidad de atravesar primero el pasado de la inteligencia. Pero anímese a buscar más información sobre esto último; encontrará una guía para hacerlo al final del apartado titulado «Referencias y lecturas adicionales».

Tal como señalé al principio del libro, no he intentado abarcarlo todo. En particular, he procurado no abordar temas sobre los que existe una investigación general escasa (por ejemplo, la creatividad o la sabiduría) y donde los datos suelen provenir de meros indicios (como la toma de imágenes de funciones cerebrales o los intentos para potenciar la inteligencia [buena suerte con eso]), ni aquellos que son interesantes pero no tratan en realidad sobre diferencias de inteligencia entre personas (digamos, por ejemplo, la inteligencia emocional o la inteligencia artificial).

Mi objetivo final no es brindar al lector buenos datos y resultados acumulados sobre los diez asuntos que he abordado aquí. Una de las características de un buen libro es que al terminarlo nos quedemos con ganas de empezar más libros y artículos sobre el mismo tema. Por eso, al final de esta breve introducción (no olvidemos que es una introducción) ofrezco un apartado de lecturas adicionales sobre la inteligencia. Mis recomendaciones ahondan en los temas tratados aquí y también proponen otros. Me alegra haber incluido puntos de vista diversos, aunque siempre debemos preguntarnos qué calidad tienen los datos sobre los que se sustentan.

Apéndice

Unas palabras sobre correlación

El empleo de la estadística es fundamental para estudiar cómo y por qué difieren las personas en las puntuaciones obtenidas en los test de inteligencia. Los investigadores suelen reunir un gran número de personas para someterlas a diversas pruebas de razonamiento. Para averiguar el patrón de diferencias entre todas ellas y la relación que mantienen esas diferencias con aspectos de la vida real, es necesario un análisis estadístico de los datos. Algunos de los principales debates sobre la inteligencia humana tratan sobre cuestiones estadísticas. Y lo que es peor, las técnicas estadísticas que empleamos para estudiar la inteligencia se cuentan entre las más complejas del campo de la psicología. No tendría sentido escribir un libro breve sobre la inteligencia que estuviera repleto de datos estadísticos, porque nadie lo leería. Pero al final decidí que hay un tipo de estadística de la que no podía prescindir: la correlación.

La correlación es una manera de describir en qué medida se relacionan dos cosas. Se expresa mediante un número denominado coeficiente de correlación.

El rango de valores que puede adoptar un coeficiente de correlación va desde −1, pasando por 0, hasta 1.

Veamos un ejemplo. Imagine que detengo a las 100 primeras mujeres adultas que me encuentro por la calle y que mido su altura y su peso. Quiero saber si tener más altura implica también tener más peso. Entonces calculo un coeficiente de correlación mediante el empleo de una fórmula, lo que me dirá en qué medida existe una relación entre la altura y el peso. Imagine que todas las personas más altas que otras pesan también más que ellas. En tal caso existiría una relación perfecta entre ambas cosas: la correlación valdría 1. No es esto lo que sucede en la vida real. Todos conocemos algunas personas bajas y gordas, y otras altas y delgadas. En general, las personas más altas pesan más, pero hay numerosas excepciones. Por tanto, hay una gran tendencia a que las personas más altas pesen más, pero no se trata de una tendencia perfecta. La correlación probablemente se sitúa en torno a 0,5, que es una correlación positiva más bien alta.

Ampliemos este ejemplo. Imagine que también decido medir en esas mujeres la longitud del cabello. Siento curiosidad por saber si a las personas más altas les crece más el pelo. Estoy casi seguro de que no existe ninguna tendencia a que las personas altas tengan el pelo más largo o más corto que la gente de menor estatura. Sospecho que la altura no mantiene ninguna relación con la longitud del cabello. Si estoy en lo cierto, el coeficiente de correlación valdrá 0, y eso significará que ambas características no tienen ninguna tendencia a ir unidas.

Consideremos otra ampliación más del mismo ejemplo. Digamos que, aparte de medir la altura de las personas, les pido que recorran a pie una distancia determinada como, por ejemplo, 20 metros. A continuación cuento el número de pasos que han dado para cubrir ese trecho. Siento curiosidad por saber si existe alguna relación entre la altura y la cantidad de pasos necesarios para recorrer esa distancia. Supongo que las personas más altas tenderán a dar menos pasos. Es muy probable que el coeficiente de correlación lo confirme, pero nótese que revelará que ser más alto va unido a dar menos pasos. Por tanto, la correlación sería negativa: cuanto más aumenta uno de los valores (la altura), más disminuye el otro valor (los pasos dados para recorrer 20 metros). Supongo que la correlación valdría en torno a −0,4. Sin embargo, lo relevante aquí no es ese valor. Lo que me interesa subrayar es que las correlaciones pueden tener valores negativos o positivos, y que la correlación vale cero cuando no existe ninguna relación entre dos cosas. En resumen: una correlación puede revelarnos si una característica tiende a subir o a bajar con otra, o si no existe ninguna relación en absoluto entre ambas.

También debemos hablar sobre la magnitud de las correlaciones. Antes he comentado que probablemente exista una correlación bastante elevada entre la altura y el peso, en torno a 0,5 o tal vez más. De hecho, obtuve ese valor de 0,5 realizando los cálculos a partir de la altura y el peso de un conjunto de datos de personas reales. En psicología y otras ciencias que estudian fenómenos sociales, no se suelen detectar correlaciones por encima de un nivel en torno a 0,5. Y se sigue la convención de que los coeficientes de correlación superiores a 0,5 se denominan efectos grandes o fuertes. Los que están entre 0,2 y 0,5 se denominan efectos medianos, modestos o moderados. Y los inferiores a 0,2 se denominan efectos pequeños o débiles.

Para dar variedad al discurso, no siempre hablaré de correlaciones entre dos cosas. En ocasiones usaré los términos *relación* o *conexión*, y otras veces hablaré de *asociación*. Cuando empleo estas palabras me refiero a una correlación. Y si cuantifico alguno de esos términos con los adjetivos grande, mediano o pequeño, me estaré refiriendo a la magnitud de los coeficientes de correlación mencionados en el párrafo anterior.

En ciencias rige un mantra que dice: «La correlación no implica causalidad». Vale la pena recordarlo; evita que hagamos deducciones simplistas sobre qué causa qué. Sin embargo, las correlaciones sí tienen una causa. De modo que, cuando presente correlaciones en este libro, procuraré ofrecer una serie cabal de posibles razones para ellas. En la investigación de la inteligencia hay muchas correlaciones, pero pocas de ellas cuentan con explicaciones causales aceptables. Sabemos mucho sobre qué va asociado a qué, pero rara vez conocemos el porqué.

A veces cometemos el error común de aplicarnos a nosotros mismos una correlación. Digamos que analizamos la altura y el peso de la gente y que comunicamos que existe una fuerte correlación entre ambas cosas, de manera que las personas más altas tienden a ser más pesadas. Bien puede suceder que una persona bajita y corpulenta se mire y exclame que decimos tonterías, que ella es la prueba viviente de que no existe semejante asociación. Recordemos que siempre que una correlación no valga +1 o −1 (es decir, casi todo el tiempo), encontraremos excepciones a esa asociación. Cuanto más pequeña sea la correlación, más excepciones detectaremos al considerar personas individuales. Además, hallar una correlación en un grupo de personas no garantiza que vayamos a encontrar la misma asociación en muestras formadas por otras personas.

He aquí otra advertencia general: las puntuaciones obtenidas en los test de inteligencia guardan alguna relación con las cosas de la vida, pero siempre hay mucho más en cualquier historia humana que la mera inteligencia. La inteligencia nunca es lo único relevante.

Tres palabras sobre el metaanálisis: replicación, replicación, replicación

Es bueno seguir la norma de no guiarse por un solo estudio sobre un tema particular. A lo largo del libro intento presentar estudios amplios y bien diseñados para ilustrar temas clave de la investigación en inteligencia. Sin embargo, también conviene preguntarse si otros estudios arrojan los mismos resultados. En ciencia deben obtenerse resultados idénticos cuando se estudia un mismo tema usando los mismos métodos. Una buena práctica científica consiste en ver cómo son los resultados cuando se juntan todos los estudios efectuados dentro de un mismo campo de investigación. Esto se denomina revisión sistemática, y consiste en que un científico o un equipo de trabajo revise la literatura científica internacional publicada –y a menudo también la inédita– para localizar todos los informes que abordan la misma cuestión.

El metaanálisis consiste en ir un paso más allá de la revisión sistemática. En este caso, los resultados de todos los estudios disponibles se colocan en la misma balanza, y la persona que los revisa intenta exponer un resultado medio general. Este se expresa a veces como una correlación. Por ejemplo, imaginemos que alguien quiere saber si existe una conexión entre la altura y el peso de las personas. Yo defiendo que no debería fiarse del único resultado que presenté antes. Podrían buscarse todos los estudios en los que se midió la altura y el peso de grupos de personas y, a continuación, podría confeccionarse un listado de las correlaciones obtenidas por todos los estudios, y calcular la correlación promediada. Eso sería un metaanálisis. También podría atribuirse más relevancia a los estudios más grandes que a los más pequeños, y extraer una correlación promediada pesada. Para explicarlo mejor, imagine que contamos con tres estudios que emplearon métodos idénticos para medir la altura y el peso de diferentes personas, pero que uno de ellos midió a mil personas, otro midió a cien personas y el tercero midió tan solo a diez. Sería bueno permitir que el estudio más amplio tuviera más peso dentro de lo que se considera la correlación promedio.

Los metaanálisis plantean ciertos problemas. Por ejemplo, suelen contener una combinación de estudios buenos y otros que no lo son tanto. Por tanto, los efectos reales pueden quedar diluidos u ocultos. Por mucho que la persona que efectúe la revisión procure seleccionar estudios que aborden el mismo tema, casi siempre acaba reuniendo una lista de informes que han seguido procedimientos cuando menos ligeramente distintos, lo que da lugar a la objeción de que se están comparando «manzanas con peras». A pesar de estos y otros inconvenientes, creo que es útil saber si se cuenta con un metaanálisis para un tema determinado, y qué sugiere como tosca conclusión final. Así, por ejemplo, vale la pena saber si todos los estudios que analizan la correlación entre la puntuación en los test de inteligencia y el tamaño del cerebro arrojan o no el mismo resultado aproximado.

En los capítulos del libro suelo seguir un solo estudio ilustrativo y de calidad que luego comparo con los resultados de un metaanálisis sobre el tema en cuestión.

Referencias y lecturas adicionales

A continuación se relacionan los principales estudios mencionados en cada capítulo, y a veces alguna fuente adicional accesible sobre el mismo tema.

Algunas obras generales de otros autores sobre la inteligencia son:

Mackintosh, N. J. (2011). *IQ and Human Intelligence*, 2.ª edición. Oxford: Oxford University Press.

Ritchie, S. J. (2015). *Intelligence: All That Matters*. Londres: John Murray Learning.

Sternberg, R. J. (ed.) (2019). *Human Intelligence: An Introduction*. Cambridge: Cambridge University Press.

Capítulo 1: ¿Hay una sola inteligencia o hay muchas?

Estos son los principales estudios que menciono en el texto:

Carroll, J. B. (1993). *Human Cognitive Abilities: A Survey of Factor Analytic Studies.* Cambridge: Cambridge University Press.

Gardner, H. (1983, reimpresión 1993). *Frames of Mind: The Theory of Multiple Intelligences.* Nueva York: Basic Books. Versión en castellano: *Estructuras de la mente: la teoría de las inteligencias múltiples*; Fondo de Cultura Económica, 1987; trad. de Sergio Fernández Éverest.

Gardner, H. (1999). *Intelligence Reframed: Multiple Intelligences for the 21st Century*. Nueva York: Basic Books. Versión en castellano: *La inteligencia reformulada: las inteligencias múltiples en el siglo XXI*; Ediciones Paidós, 2010; trad. de Genís Sánchez Barberán.

Warne, R. T., y Burningham, C. (2019). «Spearman's g found in 31 non-western nations: strong evidence that g is a universal phenomenon». *Psychological Bulletin*, 145, 237-72.

Wechsler, D. (2008). *Manual for the Wechsler Adult Intelligence Scale-Fourth Edition (WAIS-IV)*. San Antonio, Tex.: Pearson.

Capítulo 2: ¿Qué sucede con la inteligencia a medida que avanza la edad?

Estos son los principales estudios que menciono en el capítulo:

Corley, J., Cox, S. R., y Deary, I. J. (2018). «Healthy cognitive ageing in the Lothian Birth Cohort studies: marginal gains not magic bullet». *Psychological Medicine*, 48, 187-207.

Deary, I. J. (2014). «The stability of intelligence from childhood to old age». *Current Directions in Psychological Science*, 23, 239-45.

Plassman, B. L., Williams, J. W., Burke, J. R., Holsinger, T., y Benjamin, S. (2010). «Systematic review: factors associated with risk for and possible prevention of cognitive decline in later life». *Annals of Internal Medicine*, 153, 182-93.

Salthouse, T. A. (2009). «Selective review of cognitive ageing». *Journal of the International Neuropsychological Society*, 16, 754-60.

Tucker-Drob, E. M., Brandmaier, A. M., y Lindenberger, U. (2019). «Coupled cognitive changes in adulthood: a meta-analysis». *Psychological Bulletin*, 145, 273-301.

Un libro y un artículo general muy útiles son:

Salthouse, T. A. (2010). *Major Issues in Cognitive Ageing*. Oxford: Oxford University Press.

Tucker–Drob, E. M. (2019). «Cognitive aging and dementia: a life-span perspective». *Annual Review of Developmental Psychology*, 1, 7.1-7.20.

Capítulo 3: ¿Hay diferencias de inteligencia entre sexos?

Estos son los principales estudios que menciono:

Deary, I. J., Irwing, P., Der, G., y Bates, T. C. (2007). «Brother-sister differences in the g factor in intelligence: analysis of full, opposite-sex siblings from the NLSY1979». *Intelligence*, 35, 451-6.

Deary, I. J., Thorpe, G., Wilson, V., Starr, J. M., y Whalley, L. J. (2003). «Population sex differences in IQ at age 11: the Scottish Mental Survey 1932». *Intelligence*, 31, 533-42.

Strand, S., Deary, I. J., y Smith, P. (2006). «Sex differences in cognitive ability test score: a UK national picture». *British Journal of Educational Psychology*, 76, 463-80.

Un libro muy útil es:

Halpern, D. (2011). *Sex Differences in Cognitive Abilities*, 4th edition. Londres: Routledge.

Capítulo 4: ¿Cómo influyen el entorno y los genes en las diferencias de inteligencia?

Estos son los principales estudios que menciono:

Davies, G., 218 authors, y Deary, I. J. (2018). «Study of 300,486 individuals identifies 148 independent genetic loci influencing general cognitive function». *Nature Communications*, 9, 2098.

Haworth, C. M. A., 22 autores más, y Plomin, R. (2010). «The heritability of general cognitive ability increases linearly from childhood to young adulthood». *Molecular Psychiatry*, 15, 1112-20.

Reuben, A., Caspi, A., Belsky, D. W., Broadbent, J., Harrington, H., Sugden, K., Houts, R. M., Ramrakha, S., Poulton, R., y Moffitt, T. E. (2017). «Association of childhood blood lead levels with cognitive function and socioeconomic status at age 38 years with IQ change and socioeconomic mobility between childhood and adulthood». *Journal of the American Medical Association*, 317, 1244-51.

Un libro muy útil es:

Plomin, R. (2018). *Blueprint: How DNA Makes Us Who We Are*. Londres: Allen Lane.

Capítulo 5: ¿Son más rápidas las personas más listas?

Estos son los principales estudios que menciono en él:

Deary, I. J., Johnson, W., y Starr, J. M. (2010). «Are processing speed tasks biomarkers of cognitive ageing?». *Psychology and Aging*, 25, 219-28.

Der, G., y Deary, I. J. (2017). «The relationship between intelligence and reaction time varies with age: results from three representative narrow–age cohorts at 30, 50 and 69 years». *Intelligence*, 64, 89-97.

Una exposición general muy útil es:

Deary, I. J., y Ritchie, S. J. (2014). «Ten quick questions about processing speed». *British Academy Review*, 24, Summer. Disponible gratis aquí: <http://www.thebritishacademy.ac.uk/10-quick-questions-about-processing-speed.>

Capítulo 6: ¿Cómo son los cerebros más inteligentes?

Estos son los principales estudios que menciono:

Cox, S. R., Ritchie, S. J., Fawns-Ritchie, C., Tucker-Drob, E. M., y Deary, I. J. (2019). «Structural brain imaging correlates of general intelligence in UK Biobank». *Intelligence*, 76, 101376.

Gignac, G. E., y Bates, T. C. (2017). «Brain volume and intelligence: the moderating role of intelligence». *Intelligence*, 64, 18-29.

Haier, R. J. (2016). *The Neuroscience of Intelligence*. Cambridge: Cambridge University Press.

Pietschnig, J., Penke, L., Wicherts, J. M., Zeiler, M., y Voracek, M. (2015). «Meta–analysis of associations between human brain volume and intelligence differences: how strong are they and what do they mean?». *Neuroscience and Biobehavioral Reviews*, 57, 411-32.

Ritchie, S. J., Booth, T., Valdes Hernandez, M. C., Corley, J., Munoz Maniega, S., Gow, A. J., Royle, N. A., Pattie, A., Karama, S., Starr, J. M., Bastin, M. E., Wardlaw, J. M., y Deary, I. J. (2015). «Beyond a bigger brain: multivariable brain imaging and intelligence». *Intelligence*, 51, 47-56.

Capítulo 7: ¿Es importante la inteligencia para los estudios o el trabajo?

Estos son los principales estudios que menciono:

Deary, I. J., Strand, S., Smith, P., y Fernandes, C. (2007). «Intelligence and educational achievement». *Intelligence*, 35, 13-21.

Lubinski, D., Benbow, C. P., y Kell, H. J. (2014). «Life paths and accomplishments of mathematically precocious males and females four decades later». *Psychological Science*, 25, 2217-32.

Schmidt, F. L. (2016). «The validity and utility of selection methods in personnel psychology: practical and theoretical implications of 100 years of research findings». Disponible bajo demanda en: <https://www.researchgate.net/publication/309203898>.

Schmidt, F. L., y Hunter, J. E. (1998). «The validity and utility of selection methods in personnel psychology: practical and theoretical implications of 85 years of research findings». *Psychological Bulletin*, 124, 262-74.

Schmidt, F. L. & Hunter, J. (2004). «General mental ability in the world of work: occupational attainment and job performance». *Journal of Personality and Social Psychology*, 86, 162-73.

Un artículo de revisión muy útil es:

Strenze, T. (2007). «Intelligence and socioeconomic success: a meta-analytic review of longitudinal studies». *Intelligence*, 35, 401-26.

Capítulo 8: ¿Es importante la inteligencia para la salud y la longevidad?

Estos son los principales estudios que menciono:

Calvin, C. M., Batty, G. D., Der, G., Brett, C. E., Taylor, A., Pattie, A., Cukic, I., y Deary, I. J. (2017). «Childhood intelligence in relation to major causes of death in a 68 year follow-up: prospective population study». *British Medical Journal*, 357, j2708.

Calvin, C. M., Deary, I. J., Fenton, C., Roberts, B. A., Der, G., Leckenby, N., y Batty, G. D. (2011). «Intelligence in youth and all-cause mortality: systematic review and meta-analysis». *International Journal of Epidemiology*, 40, 626-44.

Wraw, C., Deary, I. J., Der, G., y Gale, C. R. (2016). «Intelligence in youth and mental health at age 50». *Intelligence*, 58, 69-79.

Wraw, C., Deary, I. J., Gale, C. R., y Der, G. (2015). «Intelligence in youth and health at age 50». *Intelligence*, 53, 23-32.

Wraw, C., Gale, C. R., Der, G., y Deary, I. J. (2018). «Intelligence in youth and health behaviours in middle age». *Intelligence*, 69, 71-86.

Capítulo 9: ¿Aumenta la inteligencia de generación en generación?

Estos son los principales estudios que menciono:

Flynn, J. R. (1984). «The mean IQ of Americans: massive gains 1932 to 1978». *Psychological Bulletin*, 95, 29-51.

Flynn, J. R. (1987). «Massive IQ gains in 14 nations: what IQ tests really measure». *Psychological Bulletin*, 95, 29-51.

Pietschnig, J., y Voracek, M. (2015). «One century of global IQ gains: a formal meta-analysis of the Flynn effect». *Perspectives on Psychological Science*, 10, 282-306.

Capítulo 10: ¿Coinciden los especialistas en psicología sobre las diferencias de inteligencia?

Estos son los principales estudios que menciono:

Deary, I. J. (2012). «Intelligence». *Annual Review of Psychology*, 63, 453-82.

Herrnstein, R. J., y Murray, C. (1994). *The Bell Curve*. Nueva York: Free Press.

Neisser, U., Boodoo, G., Bouchard, T. J., Boykin, A. W., Brody, N., Ceci, S. J., Halpern, D. F., Loehlin, J. C., Perloff, R., Sternberg, R. J., y Urbina, S. (1996). «Intelligence: knowns and unknowns». *American Psychologist*, 51, 77-101.

Nisbett, R. E., Aronson, J., Blair, C., Dickens, W., Flynn, J., Halpern, D. F., y Turkheimer, E. (2012). «Intelligence: new findings and theoretical developments». *American Psychologist*, 67, 130-59.

Algunas obras históricas sobre la inteligencia

La investigación de las diferencias de inteligencia humana tiene una historia interesante. El término *controversia* se repite una y otra vez en relación a si existe o no un factor *g*, si declina con la edad, si guarda relación con la estructura cerebral, la importancia relativa de los entornos y la genética, las diferencias entre grupos, la selección académica, los supuestos resultados fraudulentos, etc. Recomiendo las siguientes lecturas sobre su historia:

Un libro digno de mención es *The Abilities of Man*, de Charles Spearman. Este es su gran libro sobre el factor *g*, la regularidad estadística que descubrió en 1904 y que se ha repetido a lo largo de más de 100 años. Este libro contiene historia, trabajo empírico y teoría, así como numerosas ideas sobre la inteligencia. Incluye afirmaciones sobre diferencias entre grupos que resultan ofensivas, y también aparece con fuerza la propia voz de Spearman. Lo que yo oigo al leerla es que a menudo se siente molesto y esgrime argumentos en contra de algún oponente torpe y equivocado. No se me ocurre nadie más que tenga un subapartado de un capítulo al principio del libro (p. 11) titulado «LA AMBIGÜEDAD PERVIERTE EL TÉRMINO *INTELIGENCIA*».

Otro libro digno de señalar es *Hereditary Genius,* de Francis Galton. Está accesible de manera gratuita como pdf en el sitio web de Francis Galton. Pero cuidado: Galton inventó el término *eugenesia.* Hay afirmaciones en el libro sobre las diferencias de inteligencia entre distintos grupos y la eugenesia que resultan ofensivas. Antes de que hubiera estudios científicos sobre la inteligencia, Galton fue casi el primero en concebir la idea de la capacidad mental general, en sugerir que podía tener una distribución normal entre la población, en proponer que puede heredarse en gran medida, y en teorizar sobre sus fundamentos en procesos psicológicos más simples. Galton tiene maneras inusuales de plantear las cosas. Por ejemplo, al explicar su idea de la capacidad mental general –según la cual si una persona es buena en una habilidad mental, suele serlo también en otras–, arremete en contra de quienes defienden la idea opuesta de que las personas tienen habilidades especializadas: «Podrían afirmar también que si un joven se enamora perdidamente de una morena, no tendría ninguna posibilidad de haberse enamorado de una rubia. Puede que tenga, o puede que no, cierta preferencia natural hacia el primer tipo de belleza en lugar del segundo, pero es muy probable que el enamoramiento se deba sobre todo o por completo a una disposición general a enamorarse» (p. 24). Varios cientos de las páginas centrales del libro contienen su trabajo empírico; son acumulaciones de genialidad tan áridas como algunas reuniones familiares.

Las tres grandes figuras históricas del estudio de la inteligencia que suelen citarse son Galton, Spearman y Alfred Binet. Binet inventó los primeros test de inteligencia. En lugar de proponer algo específico sobre Binet, recomiendo el libro de Leila Zenderland, donde se relata que el test de inteligencia de Binet estuvo a punto de no llegar jamás a Estados Unidos, y se expone el veloz y excesivo uso o mal uso que se hizo de él cuando por fin llegó.

Para conocer varias historias de muchos hombres (sí, todos fueron hombres) que protagonizaron los primeros días de los test de inteligencia, y las diversas controversias que surgieron con ellos, recomiendo el libro de Raymond Fancher.

El libro de Arthur Jensen consta de 700 páginas en las que se plantean objeciones a los test de inteligencia y al concepto de inteligencia general.

Como siempre habrá alguien que le recomiende este libro, incluyo también aquí la obra de Stephen Jay Gould. Se equivoca en cuanto a psicometría, se equivoca en cuanto al tamaño del cerebro y a la inteligencia, y está escrito con un fuerte sesgo contrario a los test de inteligencia.

Puesto que a lo largo de este libro he utilizado varios de los resultados de nuestros estudios de seguimiento de los sondeos mentales escoceses, recomiendo aquí mi libro escrito junto con Whalley y Starr, porque describe con más detalle los orígenes de estos sondeos, la organización y los primeros resultados.

Deary, I. J., Whalley, L. J., y Starr, J. M. (2009). *A Lifetime of Intelligence: Follow-Up Studies of the Scottish Mental Surveys of 1932 and 1947*. Washington, DC: American Psychological Association.

Fancher, R. E. (1987). *The Intelligence Men: Makers of the IQ Controversy*. Nueva York: Norton.

Galton, F. (1869). *Hereditary Genius: An Inquiry Into its Laws and Consequences*. Londres: Macmillan and Co.

Gould, S. J. (1996). *The Mismeasure Of Man: Revised and Expanded Edition*. Nueva York: Norton. Edición en castellano: *La falsa medida del hombre*. Barcelona: Editorial Crítica, 2004. Traducción de Antonio Desmonts y Ricardo Pochtar Brofman.

Jensen, A. R. (1980). *Bias in Mental Testing*. Londres: Methuen.

Spearman, C. (1927). *The Abilities of Man: Their Nature and Measurement*. Londres: Macmillan and Co.

Zenderland, L. (2001). *Measuring Minds: Henry Herbert Goddard and the Origins of American Intelligence Testing*. Cambridge: Cambridge University Press.

Al fin una definición de la inteligencia

El Grupo de Trabajo de la Asociación Estadounidense de Psicología (capítulo 10) escribió que las definiciones llegan al final de una investigación y no al principio. Estoy de acuerdo, y por eso he esperado hasta ahora para ofrecer una. Muchas voces repiten la definición que dio Linda Gottfredson: «La inteligencia es una capacidad mental muy general que, entre otras cosas, implica destrezas como razonar, planificar, resolver problemas, pensar de forma abstracta, entender ideas complejas, aprender con rapidez y aprender de la experiencia. No consiste tan solo en memorizar lo que hay en los libros, en tener una destreza académica limitada o en hacer bien un test, sino que refleja una capacidad más amplia y profunda para interpretar lo que nos rodea: "captarlo", "darle un sentido" o "resolver" qué hacer».

Gottfredson, L. S. (1997). «Mainstream science on intelligence: an editorial with 52 signatories, history, and bibliography». *Intelligence*, 24, 13-23.

Índice analítico

Para facilitar la tarea a los usuarios digitales de este libro, es posible que en ocasiones los términos que abarcan dos páginas (por ejemplo, 52-53) aparezcan tan solo en una de ellas.